生命教育—— 學理與體驗

Life Education: Didactics and Experience

鈕則誠◎著

「生命教育二書」序

《生命教育——倫理與科學》及《生命教育——學理與體驗》兩本書的各篇文章，是我過去十年間偶然涉足生命教育的雪泥鴻爪。如今承蒙揚智文化事業公司結集出版，首先要表示誠摯的感謝。謝謝出版界、文化界的朋友，讓我意外擁有自己的「生命教育二書」。

1993年我在當時的銘傳管理學院負責規劃全校通識教育課程，由於學校主管和同仁大多認為商管學生的專業倫理與個人修養很重要，於是開會決定將「應用倫理學」一科，列為全校必選通識課程。為此學校還在原有兩名哲學教師之外，再增聘兩位哲學博士加入陣容。此一政策總共執行了三年方功成身退，改為開放選修。但是就在這三年間，我們四個「應用哲學工作者」，的確全心投入這份實驗性的教研任務。近年我才體察到，原來我們過去所做的努力，可以名之為「倫理教育取向的生命教育」，而與「生死教育取向的生命教育」相提並論。

當年一起在銘傳播撒哲學種子的同道，有兩人先後轉往中南部的南華管理學院服務，那便是戚國雄教授和我。1996至1999這三年間的南華雖然名為管理學院，卻在一位人文學者龔鵬程教授的領導下，辦成一所充滿人文氣息的精緻大學。戚教授和我有幸身處其中，分掌哲學研究所與生死學研究所，得以進一步推廣上述兩種取向的生命教育。

緣起緣滅，聚散無常，南華的人文學者後來也各奔西東。戚教授去到東北部的佛光人文社會學院，掌理哲學系所，以「應用哲學」在全臺獨樹一幟。我則返回北部的銘傳，在教育研究所中繼續播種。最近經由張淑美教授來函，方得知高雄師範大學教育學系，已於本學年度正式設立「生命教育碩士在職專班」。此一教研單位堪稱全臺首創，的確值得寄予厚望。

　　「生死學」與「生命教育」的說法，在臺灣分別出現於十年前與六年前，並且蔚為流行，如今則已產生「光環效果」，人人稱道卻不明究竟。揚智為我結集出版的「生命教育二書」，大體上屬於我個人在「生死教育取向的生命教育」園地中一點耕耘後的收穫。它們分別以學術論文集和實務論文暨雜文集的面貌呈現，希望有助於「臺灣的生命教育」正本清源與推陳出新。

　　除了這兩本書以外，我已答應為揚智撰寫一本應用哲學觀點的生死教育專書，預定一年後完成。近年來我的教研方向乃是融會貫通「西方的死亡教育」與「臺灣的生命教育」，從而開發出一套「華人的生死教育」。但願有興趣的朋友一起來合作。祝福大家！

鈕則誠

目　錄

引 言

∴∴∴∴∴∴∴∴∴∴∴∴∴∴∴∴∴∴∴∴∴∴∴∴∴∴∴∴

五十自述
—— 我的哲學生活故事（1973—2003）

起：我的哲學實踐

　　有人說學了哲學會變怪，我卻認為有些人本來就怪才會去學哲學。我們那個時代許多人愛讀王尚義的書。他是個學醫的哲學家，我還記得他那句名言：「醫學和哲學是一條線上的兩個極端。」我也曾想學醫，專攻精神醫學，來治療自己的顛倒夢想。學醫不成而去學哲學，多少受了他那句話的影響。

　　我是個好讀書不求甚解的人，心浮氣躁，注意力不易集中，至今猶然。高中時期唸了五年才考上大學（1968－1973）。這五年間，我不是空想追求生命的意義，便是妄想反攻大陸。前者是猛讀「新潮文庫」後的執著，後者則是看見大學生保釣上街頭時的衝動。在反攻大陸無望的情況下，我只好反攻聯考。碰上第一年電腦閱卷，交卷前我隨手擦掉一個答案，結果竟擦掉一個志願，而與輔大教心系失之交臂，就這麼進了哲學系。我嚮往「存在先於本質」的境界，卻被教授口中的「地水火風」搞得頭腦空空，只好躲到課堂

後面一角伏案讀雜書，從此展開我的「自學方案」。

　　哲學系頭一年除了為聯繫校際活動而被警總盯上照相蒐證，以及談了一場來去匆匆的戀愛外，幾乎乏善可陳。後來我才知道，1973年初發生臺大哲學系事件，校際串聯之事極為敏感。下學期我想轉系，又因為國文差一分，再度跟教心系擦身而過。正愁不知何去何從，學校開始實施輔系制度。當同學們為了前途紛紛選讀語文和商科，我卻把對生命意義的追求，轉向對生命奧秘的探索，填選生物系為輔系。結果公布時，全校只有我一人選生物系。外國神父系主任好心讓我隨班附讀，我就這麼一腳踏進自然科學世界。

　　生命現象極其複雜，科學家為了馭繁於簡，採取化約（reduction）的探究模式，因此我從生物學修到化學，再到物理學和微積分。這種「實事求是，無徵不信」的學問工夫，在一次連續作了十個鐘頭有機化學實驗後，讓我望而卻步，決定打退堂鼓，安心做個玄想的哲學弟子。雖然後來還是修完輔系，也只不過是畢業證書上多了一行註記而已。

　　大學是一座知識寶庫，令我為之神往。既然哲學可以自學，科學淺嘗即止，那麼介乎哲學與科學之間的心理學，也許有些新鮮之處。於是我又抽空到教心系選課。那時選了一門「生理心理學」，讀來甚有心得，從而對「神經科學」（neuroscience）產生興趣。雖然我無心真正投身做科學，卻選擇走科學哲學的路，不知是否補償心理作祟？碩士論文題目為《自我與頭腦》，研究科學哲學家Karl Popper與神經科學家John Eccles共同提出的「三元世界」（three worlds）

理論。後來看見美國有人煞有介事地研究「神經哲學」（neurophilosophy），才覺得心裡踏實些。

我唸哲學跟前途事業毫無關聯，純粹好奇心使然。高中時生吞活剝一大堆道理，進了大學卻完全不管用。因為我的心早已不是Locke筆下的白板（tabula rasa），而是滿布著亂塗鴉。學哲學對我而言很辛苦，是我必須先擦掉再寫上去。我壓根兒沒想到哲學會一路唸到底，到了大四跟學妹談戀愛，發現唯一可以留下來陪她的法子是考研究所。這帶給我極大的學習動機，果真一舉考上碩士班。

我在輔大哲研所碩士班的十名同學中，有兩人是物理系畢業生，其中一人便是傅大為（現為清大歷史所科技史組教授）。在他們的激勵下，我發心展開知識大旅行，融科學與人文於一爐，進行科學哲學研究。那年頭（1977－1979）科學哲學在臺灣還是冷門的邊緣分支，被主流哲學界視為不務正業，科學家更看不上眼。Charles Snow所指的科學與人文「兩種文化」（two cultures）割裂現象，在臺灣的學術教育界隨處可見。我一個勁兒要談什麼「科際整合」，到頭來只落得無人聞問。

那時代研究所畢業可以直接當預官，受訓時還有機會考軍校教官。我想教書總比打野外輕鬆，便去報名考教官。我弄了一篇領袖訓詞上臺試教，看來頗得臺下政戰官歡心，得以順利考上陸軍化學兵學校文史教官，任教相當於高職生的常備士官班國文課。這是我踏上講臺當老師之始，未料到以後竟以此為業。

化校大多為化學兵預官，我意外地跟一群未來的科學家朝夕相處一年多，受到他們的薰習，在知識上收穫頗豐。我在那兒認識楊永正（現為陽明生化所教授），他對我的科學哲學極感興趣，我則對他為學做人的嚴謹態度佩服不已。2001年夏天，我製作空中大學教學節目「生死學」，還請他上電視大談基因與生死。

　　當年化校有一奇特現象，就是考托福和GRE的週末上午要停課，因為預官們大多請公假去考試。我身處其間不甘寂寞也躍躍欲試，跟同事借了幾卷托福錄音帶來聽上幾回，便隨他們報名參加考試，打算出國改行唸心理學，一解我的未竟之憾。退伍後我還真的到美國讀了一學期心理系，但是因為專業科目修得不夠多，學生顧問叫我去大學部補課。她開出一張課表給我，要我補齊再回去。印象深刻的一件事，是我拿哲學系成績單問她一門叫「哲學心理學」的課可否抵免？她的回答則是以「哲學並非科學」拒絕我。

　　那年頭輔大有一種「畢業生返校選讀」的制度，校友可以回來依興趣選課。我算算學分費比美國便宜許多，買張飛機票回臺都划得來，所以我選擇回來一邊賺錢一邊補課。因為課程有擋修，我花了兩年才補齊（1982－1984）。當時輔大教心系已改名應心系，有一門由王震武教授開的「實驗心理學」，正課加實驗共占八學分，堪稱「科學心理學」的典型，讓我這哲學出身的人大開眼界。不過到頭來我還是維持對科學哲學的興趣，放棄做科學家的努力。

　　那年我放棄了可以想見的漫長留學之路，轉而投考母校

哲研所博士班。系主任見我回來很高興，答應考上後讓我到夜間部兼課。結果我如願當上大學講師，並且全力以赴，只花了三年半便取得博士學位（1984－1988）。在其間我繼續走科學哲學的路，這時候老同學傅大為已學成歸國，並與王道還、程樹德合譯Thomas Kuhn的名著《科學革命的結構》，此書對我研究Karl Popper的哲學思想甚有助益。自從我走上科哲的道路，就十分欣賞Popper的清晰理路和簡明文字。我的博士論文《宇宙與人生》，即是探討Popper的常識實在論（common sense realism）與科學人本主義（scientific humanism）。

拿到哲學的「哲學博士」（Ph.D.），出路似乎只有一條，那便是教書。我於1988年初畢業，過完年外出找工作，竟意外占了個便宜，因為很少有人在這時候謀教職的。不久我這個土博士就應聘為面臨改制的銘傳商專副教授。我在銘傳頭三年的哲學實踐，是教五專國文和三專國父思想。我努力在一大群女生面前，以熱心教學來實踐牟宗三先生「哲學即生活」的真諦，但學術研究卻表現得無以為繼、一片空白。

承：與護理學相遇

1991年我的哲學生活故事中出現兩椿奇遇，形成日後的重大轉折。銘傳於前一年改制為管理學院後，我就以共同科目教師的身分編入資管系。由於具有專門博士學位的師資

青黃不接，我這個教共同課的老師竟被委以代理系主任之職，而且一代就是兩年。既然擔任系主任，也該同資訊或管理沾上點邊，學校便好意推薦我去在職進修。於是三十八歲的我，頂著系主任的頭銜，以四比一的錄取比例，甄試進入政大企研所，進修完全陌生的科技管理。

這是一種MBA學程的學分班，主要是讓公民營事業的科技主管瞭解組織管理，學會如何做個中高階經理人。我以三年半時間（1991－1995），自費修習四十四個企管碩士學分，雖然沒有取得學位，僅獲頒一張結業證書，但絕對值回票價，因為知識世界又多為我開了一扇門。記得結業前，所長賴士葆還說要破格讓我去考博士班哩！

回想我從人文學領域的哲學到自然科學領域的生物學，再到社會科學領域的心理學和管理學，一路撈過界地進行知識大旅行，的確好不自在！對我而言，既然前科學的哲學（pre-scientific philosophy）幾乎無所不包，那麼後科學的哲學（post-scientific philosophy）又何必劃地自限？「劃地自限，自圓其說」乃是十七世紀科學革命後新興學科的發展策略，方法則是使用術語或人工語言。像牛頓使用類似微分學的「流數」來研究「自然哲學」，就逐漸讓傳統哲學家不得其門而入。心理學以1879年Wundt創立實驗室為斷代，標幟出「科學心理學」的大旗，與哲學劃清界限，不也是一樣的道理嗎？

我的博雜學習，在1991年還面臨另一次偶然際遇，讓我有機會通過「自學方案」，開創了個人學術生涯中一片新

天地。說它改變了我的後半生也不爲過。那年我在銘傳正處於學術斷層，只因爲地利之便，被同事介紹到當時的臺北護專去兼課，講授人生哲學。在這以前，我對護理人員的刻板印象，只有南丁格爾和白衣天使，根本不知道護理學同哲學還有多方交集。

當我正爲三年寫不出一篇論文而焦慮時，護專的學報編輯卻向我邀稿。我記得那是一個風和日麗的暖冬中午，我吃過飯便踏進護專圖書館去找靈感，居然發現護理也在談論現象學（phenomenology）。原來這是一本討論護理研究（nursing research）的方法學（methodology）問題的書；屬於哲學的現象學，乃是指導護理研究的方法學之一。

我第一次接觸到現象學，是在大四時聽陸達誠神父講授「存在主義」的課堂上。當時輔大的特色是洋溢著許多歐陸思想，不讓英美哲學專美於前。我最喜歡陸神父的一句話，便是「主體際的溝通」。後來我受到Popper的影響，把現象學視爲主觀主義（subjectivism）的代表，認爲它與自己追求客觀知識的學術路線不甚相應。不過我還是通過文獻考察和概念分析，寫了一篇討論護理科學的研究途徑中，有關「實證——經驗取向」與「現象學——詮釋學取向」彼此爭議的論文，登在護專的學報上。這可說是我的獨立研究之始。

此篇論文後來得到國科會甲種研究獎勵，予我很大信心，乃再接再厲，投身其中，竟有一發不可收拾之勢。在這五年間（1991－1996），我圍繞著護理的哲學議題，一共寫

出十二篇論文，受到主流學術界的肯定，連續三年得到甲種獎勵（1993－1995）。論文後來結集成為兩本專書，我便以其中一本《護理學哲學》為代表作，送審順利通過，於1997年初升等為正教授，此時距我取得博士學位剛好滿九年。升等也許是我在科學哲學上長期努力的結果，但是其中的活水源頭卻是女性主義（feminism）。

護理是一門專業實務，從業人員百分之九十七為女性，學者當然也以女性居多。護理學和女性學是極少數相當看重本身知識學（epistemology）基礎的學科。知識學又稱知識論或認識論（theory of knowledge），是哲學的五大分支之一，其餘四科為理則學或邏輯（logic）、形上學（metaphysics）、倫理學（ethics）及美學（esthetics）。哲學探究的目的，用最簡單的話說，即是追求真、善、美。知識學關心知識與真理的性質，在哲學內原本以嚴謹、抽象著稱，從古代的Aristotle到當代的Popper，皆強調客觀知識的重要。如今護理學同女性學卻宣稱這種觀點屬於男性偏見，她們要求凸顯主觀知識的價值，因為如此方有利於護理專業與女人「主體性」的建立。

平心而論，我從一個客觀知識研究者的立場，想要契入主觀知識的奧義，一開始的確有些困難。記得我閱讀的第一篇女性主義文章，是科學哲學家Sandra Harding的〈女性主義，科學與反啟蒙批判〉中譯，刊登在《島嶼邊緣》第二期（1992.1）。那篇文章我一共讀了三遍，才勉強摸出頭緒來。然而一旦讀通，就真正感到海闊天空。我想這便是

Kuhn所謂「典範轉移」（paradigm shift）的心路歷程罷！

　　此後當我採用女性主義的視角，去解讀一些涉及哲學的護理文獻時，便感到無比地貼切適應。不過進一步深入反思，我的心路歷程其實乃是更宏觀的動態辯證之一環。我不是科學家，卻發現護理科學家在從事研究時，所面臨的方法學與知識學爭議，提供了我所進行的科學哲學探究相當豐富的素材。這種情形予我有機會充分反思個人哲學生活故事，察覺自己在經驗到與護理學相遇時的喜樂。但我懷疑一切仍不脫男性觀點。我無法完全揮別男性意識，只能期待從男女之間的主體際溝通中，去提昇人本主義的真諦。

　　在我看來，人本主義是異中求同，女性主義則是同中存異，彼此參照，便得以辯證地揚昇。為了要尋找一處實踐的場域，我嘗試用自己的「哲學生活故事」，去跟太太的「藝術生活故事」對話。由於我的生命情調主要追求「真」，而太太的首要考慮卻是「美」，兩人的價值觀曾經一度扞格，但在十八年來的嘗試錯誤（trial and error）下，終究形成互補互利的雙贏局面。

　　以女性主義和人本主義來考察護理專業，我看見護理學家是從治療（cure）和照護（care）的對照上，發現醫療專業與護理專業的差異性，並進一步策略性地加以凸顯。她們援引Carol Gilligan以及Nel Noddings的關懷倫理學（care ethics），來建構護理科學和護理倫理。這容或與心理學的情況有所出入。護理學具有強烈的應用特質，理論研究是為專業實務奠基。心理學則自Wundt建立實驗室開始，便朝向

嚴謹科學的大道邁進。我手邊有一冊1983年出版的《柏克萊加州大學概況》，其中心理系介紹中特別強調，該系主要是對動物與人類行為進行經驗性研究（empirical research）和理論分析，因此建議對人本心理、輔導諮商等熱門話題（popular topics）感興趣的人，去申請其他學校。這不免使我想起早年輔大教心系主任呂漁亭神父的天問：「心理學為什麼不研究心？」

從心理學史看，心理學在美國無疑是顯學，二十世紀中葉以前呈現「行為主義」（behaviorism）稱霸一方的局面。五○年代受到冷戰影響，學界發展出「行為科學」（behavioral science）一辭，用以取代「社會科學」（social science），希望跟「社會主義」（socialism）劃清界限，以免被視為共產黨的同路人。心理學、社會學、人類學三者，因為分屬探究個體、群體、文化等行為現象的學科，儼然成為行為科學的核心。

事實上早在十九世紀中葉，Fechner和Wundt這些「科學心理學」的鼻祖，就已經嘗試把心理學同物理學或生理學等量齊觀，同時跟哲學劃清界限。像哈佛及臺大成立心理系時，都是從哲學系分出去的；前者的心理系還留在「文理學院」裡，後者則完全文理分家。如今心理學與哲學僅存的一絲淵源，或許可見於杜威圖書分類法裡的藕斷絲連。沒想到科學心理學風起雲湧一個多世紀後，竟然在應用領域中，又發現與哲學接壤之處。其中的歷史公案，的確耐人尋味。

本土心理學家從知識生產與社會實踐中反思及主體性和

主體際對話的必要，讓行為科學向人心靠攏，的確予我的科學哲學觀點大有啟發。十年前我在護理學內與女性主義相遇，如今更在女性主義、人本主義、存在主義的心理學論述中，聽到心理學與哲學的豐富對話，這可說是自己三十年知識大旅行所見的難得盛景。

轉：尋找發言位置

然而我在1997年以前，終究是一個人踽踽獨行。正如半世紀前唐君毅先生眼見兩岸分治，對儒學命脈的傳承，曾有「花果飄零，靈根自植」一嘆。當前得以順利「安身立命」的各學門主流學者專家，也許很難觀察到一種頗值得玩味的學術生態現象，那便是「正宗」哲學博士到處「花果飄零」的邊緣處境。這說穿了其實就是供需失衡的結果。

臺灣學術市場中，每年都會湧進不少專攻哲學的博士，土洋雜陳。哲學原本就具有強烈理論導向，不似心理學尚可開拓一方「應用」園地，派生出許多中游科系。哲學博士唯有進入哲學系任教方能安身立命，問題是僧多粥少，剩下只有各憑本事去「靈根自植」了。十五年前我拿到學位時，便是這番景象。

1988年初我三度自輔大哲學系畢業，成為系上培養出來的第二十一名博士，並且「血統純正」。無奈許多學長姐早已在母系安身，我只好向外發展，此時「純種」的身分反而礙事。我因是寒假畢業，系主任好意引介我去香港能仁書

院哲學研究所任教。書院院長自香港飛來臺北，與我相談甚歡。我甚至上街去買了兩卷廣東話錄音帶，準備惡補一陣然後跨海謀生去。那時我已成家，而香港那邊的住房問題卻遲遲沒有解決，令我裹足不前。恰好銘傳為了改制，需增聘具有博士學位的師資，很誠意地在四月中就把聘書發給我。工作既然有了著落，我便決定放棄去香港的哲學專業系所當學者，而留在臺灣當專科學校教員。

　　我始終相信「哲學即生活」。在銘傳九年間，我的哲學生活故事可說多采多姿。「主體性」碰到臺灣專上學校轉型擴充的契機，還真有那麼一點「靈根自植」的味道。一如前述，我當過兩年代理系主任，因為職務需要，到政大企研所去在職進修三年半，從而對社會科學的「敘事」手法逐漸熟悉，也能加以操作。意外多學會了一門專長，後來甚至據此到專科學校謀生，講授「管理心理學」、「行銷管理」等課。此事聽起來有點扯，不過環諸現今所實施的中小學九年一貫課程，以「統整」為名，讓老師在領域內甚至領域間跨界演出，不也是「窮則變，變則通」的權宜之計嗎？

　　兩年代理系主任因為後繼有人而功成身退，轉進新成立的系級單位「共同學科」。這時總算讓一群語文、史哲、法政的教師有了棲身之地，不必到處寄人籬下。當時各校紛紛成立共同科，多少象徵著相對於專門教育的通識教育主體性之彰顯。臺灣各大學施行通識教育始於1984年，為了餵飽各校大學生至少八個營養學分，竟然神奇地養活了不少哲學博士。當時銘傳即有四名哲學教師，為全校上萬學生開授哲

學相關課程。開通識課有三個訣竅，一是時段要好，二是名稱要妙，三是善待學生，如此久之口耳相傳，便能「生生不息」。如今學生是消費者，教師為服務業，一旦開課乏人問津，輕則減薪，重則解聘，有誰敢拿自己前途開玩笑？

為了出奇制勝，推陳出新，我絞盡腦汁年年開新課。1993年中，旅美哲學家傅偉勳教授在臺灣出版《死亡的尊嚴與生命的尊嚴》一書，蔚為暢銷。書中引介西方的「死亡學」（thanatology），並拈出「生死學」一辭。由於生死學在社會上逐漸流行，我便建議將之引進通識課程，自己披掛上陣，出生入死海闊天空一番，令學生耳目一新。

成為暢銷書作家後，罹患癌症的傅偉勳教授即經常來臺現身說法。他與當時東吳哲學系主任趙玲玲教授為故交，我因在東吳兼課，每逢主任作東為傅教授接風與送行，我便與之把酒言歡，進而逐漸熟識。傅教授為豪邁性情中人，喜好杯中物，晚年大談生死學，正是其哲學生活故事之體現。有回我告知自己正在推廣生死學，他甚表欣慰。1996年中剛放暑假時，我們在中研院開會相遇，他說那幾天正在為南華管理學院成立生死學研究所撰寫計畫書，準備提送教育部。一週後，兩人又在美國洛杉磯西來大學另一處研討會上重逢。我在研討會上發表了一篇討論醫護人員生死教育的論文，他還用心加以評論。這是我最後一次看見傅教授，三個月後他就大去往生了。

1997年初，另一次奇妙際遇寫進我的哲學生活故事裡。南華校長龔鵬程教授以電話相約，我便開了三個半小時

的車前往嘉義大林。龔校長拿出一份生死所籌設計畫給我看，並謂這是傅教授生前所擬，已獲教育部原則通過准予籌設，但是必須按照審查意見加以改善方准招生。校長囑我把計畫帶回家去作功課，按照審查意見一一回覆，同時也指示數點，希望我將計畫大幅修正，以符合實際需要。我見計畫中自己名列師資陣容，預備開授的課程且爲「醫學倫理學」，始恍然大悟。原來半年前與傅教授一夕之談，他便將我列爲生死所儲備師資。

我對傅教授和龔校長的知遇心存感激，乃利用年假在家中重擬一份七千字的設所計畫書，於年後面陳校長。他似乎頗爲滿意，當即請人製作一張聘書，聘我爲生死所籌備主任。龔校長的爽快作風，令我受寵若驚。往後三個月，我每週往返北嘉一回，參與新所籌備，同時籌設的還有其他五所。四月下旬，教育部通過我的修訂計畫，准予生死所招生，這表示八月確定可以掛牌正式開辦。龔校長又是爽快發給專任教師聘書，請我出任首任所長，這時距我初任大學專職正好九年。九年間我曾爲自己的學術慧命，不斷地尋找適當的發言位置，以接續書寫更精彩的哲學生活故事。嘉義鄉下一間精緻的學院，提供了我轉換跑道的機會。

生死學在西方的根源爲死亡學，主要是行爲科學和精神醫學的擅場。移植到臺灣來以後，則賦予較多的哲學及宗教成分，社會大眾且多以之與怪力亂神聯想在一道。我第一次應邀上電視，便是現身於靈異節目中。錄影當天，更有八卦雜誌記者前來插花探訪。不過我心目中的生死學，乃是針對

每一個「存在主體」，進行「生物／心理／社會／倫理／靈性」（bio／psycho／social／ethical／spiritual）一體五面向的探究。理想上應該面面俱顧，無所偏廢。

生死所一上來即辦得有聲有色，大體上拜兩件事之賜：教育改革呼聲中推動的生命教育，以及殯葬改革政策下配套的殯葬教育；尤其是後者。因為我們要求學生去殯儀館實習，事情上了報紙及電視，一時暴得大名，卻免不了盛名之累。平心而論，生死學乃是一套為實務活動奠基的統整性學問知識，至少包括生死教育、生死輔導、生死關懷、生死管理等四方面。不過術業畢竟有所專攻，我這個哲學出身的人文學者，面對上百名來自心理、輔導、社工、法律、教育、醫學、護理等社會科學及健康科學領域的研究生，在知識生產的實際過程中，要尋求對話交集，的確不是一件容易的事。

我在嘉義縣市前後住了四年（1997－2001），換了兩所學校任教，從碩士班教到五專、二專，目的始終是希望在生死教育和生死管理兩種實務當中，找到延續自己哲學生活故事主體性的發言位置，進而尋求與其他主體交流對話。然而當我發現主觀條件與客觀形勢已經逐漸背道而馳，便毅然放下一切，回返熟悉的臺北，重新展開我的知識大旅行。

合：主體性的建構

我視「生死」的真諦主要在於安頓「生活與臨終」

（living and dying），而非僅止於檢視「生命與死亡」（life and death）。因此我心目中的生死教育，即是通過主動地、前瞻地對死亡相關事物加以考察，再回頭落實生存、安頓生活、彰顯生命的歷程。這與目前政府在各級學校所推動的生命教育，可謂異曲同工、殊途同歸。

根據前任教育部長曾志朗在2000年中宣布成立「推動生命教育委員會」時的說明，生命教育主要分為人際關係、倫理、生死學、宗教、殯葬禮儀等五大課題。自此以後，臺灣推動生命教育的學者專家，便逐漸形成倫理教育、生死教育、宗教教育三種取向。這些取向多少都具有跨越學科壁壘的科際整合特質，在大學裡適於經由通識教育管道推廣普及。這其實正是九年前我在銘傳開始講授生死學所做的努力。

2001年中，我離開落腳四年的嘉義縣市，回到曾經住過四十四年的臺北大都會，繼續在當下的歷史及社會文化脈絡中，動態辯證地展開我的主體性之建構。在老東家的關心探詢下，我決定重返銘傳。此時它已擴充為綜合大學，擁有七大學院、三座校區。雖然學校沒有哲學系或生死所，我卻有幸列為教育研究所暨教育學程中心師資，以講授「教育哲學」和「生命教育」等課程，重新尋得安身立命之所繫。

自從二十歲一腳踏進深奧的哲學殿堂，展開我的哲學生活故事，便經歷了一連串的波動。在知識的瀚海與人事的逐流中，我不斷載沉載浮，起起落落，如今可說悟出一種心情和一份堅持。在邁入人生五十大關的當兒，我逐漸體認到

「不以物喜，不以己悲」的心情沉澱，也更肯定「道不同，不相爲謀」的事業堅持。當上教授最大好處便是無後顧之憂，做起學問和寫起文章來更能海闊天空。三十年來，我努力維繫做一個「頭腦複雜，心思單純」（殷海光語）的人，生活體驗告訴我，身處邊緣位置較能如願。我慶幸自己從未進入主流，反倒不停尋找邊緣，甘做另類。

回首三十載學思歷程，男生唸文科是另類、在哲學系搞科哲是另類、拿土博士是另類、教商專是另類、寫護理論文升等是另類、推廣生死教育和管理是另類，如今歸屬於教育研究所以及新成立的教育心理與輔導系依然是另類。想到自己當年差一個志願未考上教心系，後來差一分未轉入教心系，如今卻當起教心系教授來了，不禁百感交集。

我當然清楚臺灣學術界仍舊講求專業分工，不贊成撈過界之舉。不過我始終相信哲學跟心理學、教育學等學科淵源深厚，而像生死學這類跨領域學科也已應運而生，壁壘分明的時代已經逐漸過去。我這三十年不斷撈過界，一方面固然是個人好奇心使然，一方面卻又受惠於生命中此起彼落的諸多偶然因緣。這的確令我深覺必須向周遭相識與不識的人表示感激之意。

我對三十年的哲學生命流轉，多少有些體悟和感慨，如今把它們寫下來，正是嘗試去建構時空脈絡下的主體性。我好讀書卻不求甚解，無意間走上當學者的途徑，這回是頭一次寫文章反身而誠。回顧我所選擇的邊緣另類生存位置，竟不斷牽引著個人學術生涯諸多境況。我發現自己正在一連串

「偶然與必然」（chance and necessity）交織的歷史及社會文化脈絡中，有意無意地建構著自己的主體性。

　　我專任教職前後十五年，一直浮沉於撰寫論文、申請研究案、參加研討會的遊戲規則中。也許是個性使然，我從「詩意的」哲學出發，逐漸涉入「邏輯的」哲學泥淖，一陷三十載，近年始見心境的轉向。回想高中、大學時，我還算半個「文藝青年」，編校刊、寫文章、演話劇，樣樣都來。進入研究所以後，就只會寫學問文章了。有時伏案獨思，不禁悵然若失。

　　2000年初，一位老朋友到報社當編輯，主編婦女版，邀請我寫專欄。久違文藝的我一時興起，嘗試用感性筆觸去書寫生活故事，一連寫了一整年，至報紙改版為止。文章寫過便忘了，卻被慈濟功德會的師兄看中，有意替我結集出版。我一口氣答應以稿相贈，由他們列為善書流傳，取名《心靈會客室》，兩年來已刊行十萬冊，發行量著實驚人。我個人將此書視為「生命教育」手冊，用來從事師資培育工作。我目前在師資培育大學講授生命教育相關課程，正是寄望從推動中小學教師生命教育，來落實中小學生命教育。

　　此念為煩惱，轉念即是菩提。想起我在重考大學前，心中充滿焦慮。加上一位來不及重考而去當兵的同學，因為讀了《自卑與超越》的前半部，竟選擇臥軌解脫，更讓我終日惶惶，不知生命意義何在？看見我的顛倒夢想，好心同學介紹我去臺大心輔中心接受諮商。當時我的諮商員是一位臺大心理系博士生，如今已成為系主任，即是吳英璋教授。他很

慎重地告知我「有精神分裂的傾向」，希望我寬心自處。聽了他的話，我反而有些釋然，當下決心通過閱讀來進行自我治療。

很慶幸我讀到林語堂的《生活的藝術》，他在扉頁引用了明清之際作家張潮的智慧小語：「能閒世人之所忙者，方能忙世人之所閒。」令我頓覺豁然開朗，乃發心唸哲學或心理學，自我實現一番。我經常於無意間從別人的字裡行間讀到雋永智慧，予我精神上極大鼓舞，我在此表示深深的敬意與謝意。這次第又怎一個「謝」字了得？只能祝福所有的「主體」：日日是好日！

▶【學理篇】

實務論文

通識生命教育副學程──大學生活實踐

生命教育與九年一貫課程的統整──師資培育觀點

大學文化素質教育的新方向──生死教育

從生命倫理到生命教育──以安寧緩和療護爲例

殯葬教育的基礎建構──殯葬科學與殯葬管理

一般論述

生命教育的定位

新世紀的臺灣生命教育

從生命教育看生死學

成人生命教育

大學生命教育

中學生命教育

生命教育的啓蒙──兒童哲學與思考

生命教育的推廣

生命教育的批判與建議

殯葬學術與殯葬管理

通識生命教育副學程
——大學生活實踐

●●●●●●●●●●●●●●●●●●●●●●●●●●●●●●●●●●●●●●●

壹、引 言

　　這是一篇探討教育實務發展可能的概念性論文，主要是針對目前在臺灣由政府所推動實施的大學通識教育與生命教育進行檢視，由正本清源著手，希望結合二者以推陳出新。

　　教育部實施通識教育的初衷，是為平衡科技與人文知識的學習。而國科會也強調科技與人文對話的重要，並重點推動基因倫理研究與編撰大學通識課程教材的專案計畫。在這股彌補人類知識割裂弊病的努力下，教育部最近所推動的生命教育，就大學層次的積極作法，正是鼓勵生命倫理研究和開授通識生命教育學程。

　　通識教育與生命教育二者皆屬既定政策，對廣大大學生族群的知、情、意、行影響深遠，值得高等教育工作者費心改善。基於以上前提，本篇論文乃嘗試提出一套結合二者於學生生活實踐的可行方案——通識生命教育副學程，希望將之落實於臺灣各大學中，以造福學生，進而服務社會。

貳、有關通識教育與生命教育的論述

一、概念釐清

（一）通識教育

　　臺灣各大學的通識教育由教育部主導，自七十三學年度起全面實施，其根本理念為：

> 通識教育之目的，在預防學術研究專門化所易導致眼光狹小，以及本位主義之缺點，使大學各學院學生對於專攻學門以外之學術領域，亦能有較廣泛的基本瞭解，以培養其遠大的眼光、開放的心胸與恢宏通達的器識。（教育部，1992）

　　為何要在當時規定的共同必修科目外，再加修一些通識課程呢？因為：

> 近代科技發達，學術精進，大學設科分系，日益分化，導致所造就出來的人才過於偏狹，而有「一曲之士」的傾向，對本身領域以外的知識殊為不足，缺乏共識，彼此溝通困難，難於培育社會所需的各類領導人才……。（教育部，1986: 1）

　　其改善之道便是規定：

各校開設之人文、社會及數理類等通識科目，學生應在其主修院系涵蓋之學術範疇外選修。

（二）生命教育

臺灣的生命教育原本由省教育廳於八十七學年度率先自中學起跑，次年因為精省而由教育部接手，推動各級學校自九十學年度起全面實施，其根本理念為：

> 每個學生都是社會的寶貴資產，更是國家發展的指標。然而，處在科技高度發達的今天，E世代的學生受到科技的影響，對於生命的價值、人生的意義、人我關係、人與大自然的關係，以及生死問題，常無法真正瞭解，而衍生出許多不尊重他人生命與自我傷害的事件。這些現象使我們感到相當憂心，而期望提出有效的解決方法……。我們認為……生命教育的推動已是時代所需，彌補現行教育之不足。（教育部，2001：1）

基於上述理念，政府希望將生命教育落實為學校教育的重心，通識教育乃是其中的一環：

> 傳統學校教育偏重知識的傳授，忽視人之所以為人的道理，而攸關生命的本質，生命的意義，生命的價值與生命的目標等均未加深思熟慮。故各級學校……必將生命教育作為學校教育重心，方能培養自尊尊人之

國民。……生命教育在未來十年內之發展為：……於
大學通識課程中規劃完整之生命教育學程。（教育
部，2001: 4-5）

二、問題陳述

（一）通識教育

通識教育在臺灣實施了近二十年，究竟出現何種問題？
一名學者分析道：

> 直到今天，通識教育的精神、目的、本質、方法，國
> 人的探討每每望文生義，妄加比附，不然，就是賦予
> 過度期盼，彷彿它是解決當前問題的萬靈丹。就實際
> 的課程言，宗旨不明、水準不齊，與專業科目難以區
> 隔；學生則盲目選課，學習意願不高，視為營養學
> 分。（鄧志松，2000: 159）

而通識教育在臺灣，因為受教對象的學習態度積弊已
深，亟待學校方面改弦更張，推陳出新：

> 有一些問題是臺灣特有的，例如，學生普遍欠缺分
> 析、獨立思考和批判的能力，這與我國學生學習一向
> 被動，過於依賴課堂講授、教科書、記誦演練及考試
> 有關，因此，改變學生的求學態度乃為通識教育的重
> 要目標。（鄧志松，2000: 159-160）

（二）生命教育

　　生命教育做為一項正式頒布施行僅有兩年的政策專案，也有其發揮空間的限制：

> 為因應一時之需求，解決當前問題的專案，往往疊床
> 架屋、重複投資……。應將生命教育重要課題，依年
> 齡層之不同，分別納入學校正式課程體系之中，俾永
> 續經營。（教育部，2001: 7）

　　生命教育的永續經營，涵蓋了小學至大學十六年正規教育，師資培養是關鍵因素：

> 生命教育要能成功，適當的師資為關鍵的因素。目前
> 大部分學校老師的教育背景，欠缺生命教育理念，亟
> 需進修有關生命教育課程。（教育部，2001: 7）

　　問題是，在大學開設生命教育課程，有其條件上的局限。開課與否，甚至影響及中小學生命教育的推動：

> 目前大專學生在人生價值觀方面的素養普遍低落，而
> 大學卻是培養中小學師資的搖籃，故而現行中小學教
> 師普遍缺乏生命教育的素養。但根據大學法的精神，
> 大學階段實施生命教育，僅能採用鼓勵或獎勵的方
> 式。（教育部，2001: 6）

三、理念定位

（一）通識教育

　　根據以上對臺灣的通識教育與生命教育諸多論述，筆者希望通過正本清源的努力，爲二者的基本理念清楚定位。

　　通識教育爲美國高等教育的產物，把通識教育的概念引介到臺灣來的人，是曾在臺灣接受大學教育的香港社會學家金耀基。他指出，美國哈佛大學在1978年出版了一冊《核心課程報告》，這份報告建立在一個共識的基礎上：

> 大多數的教授都相信，大學生在專門的興趣（主修科）
> 之外，應該取得或熟悉某些其他知識與技術，也即應
> 該修讀一些非學系性的課程，這個理由就是「通識教
> 育」的基本立足點，也是哈佛認定一個現代「知識人」
> 所應有的訓練與修養……。（金耀基，1983: 55）

　　而這份報告所蘊涵的精神，可以上溯至英國科學家暨文學家施諾於1956年首先提出的「兩種文化」割裂現象，也就是科技與人文分裂的學術文化世界（金耀基，1983）。

　　考察前述臺灣有關通識教育的官方論述，與英美學者的大聲疾呼進而改弦更張，可以爲日後臺灣繼續推行通識教育，找到一個具有堅實立足點與充分正當性的定位：科技與人文的對話。

（二）生命教育

科技與人文的對話也是政府的既定政策，國科會出版的《中華民國科技白皮書》如此寫道：

> 科技發展對人文社會的衝擊，是當代社會必須妥善因應的課題，也是人文社會科學研究可以著力之處。……這方面的研究尚待加強，國科會正透過推動「科技與人文對話論壇」與其他相關計畫以促成之，教育部亦有持續性之通識教育規劃推動之。（國科會，1997：118）

在《中華民國科技白皮書》付梓後三年，《中華民國人文社會科學白皮書》也正式出爐。其中勾勒出「以人文關懷為主軸的科技發展」願景，象徵著臺灣科技與人文兩方面，可以經由對話達到相輔相成的理想境界。

與通識教育及生命教育有關的，國科會主動推動的大型專案計畫共有兩項：通識教育核心課程教材編撰、基因科技的倫理／法律／社會經濟影響（國科會，2000）。後者正是教育部所訂定生命教育十年展望裡的一項：

> 因應生物科技及網路科技帶來之倫理衝擊，在後六年長程計畫中可推動設置生命倫理研究中心，俾能對現代科技引致的倫理爭議，提出較具有生命教育精神之解答。（教育部，2001：5）

綜觀教育部與國科會對通識教育及生命教育所提出的種種論述，筆者歸納出當前大學層次生命教育的恰當定位，即是：從生命倫理學出發去探討問題並改善現狀。

參、朝向生活實踐的通識生命教育副學程

一、理念發展

（一）通識教育與生命教育的融會貫通

自2003年中回顧，臺灣的大學通識教育正式實施已有十九年，而由教育部函頒各級學校以實施生命教育也恰好兩整年。在1984至1995年間，由於受到教育部所規定的「大學共同必修科目」限制，通識課程只能被壓縮在八學分左右。1995年大法官會議對此作成解釋，因而打破上述限制，促成共同必修科目通識化（鄧志松，2000）。這使得通識類課程幾乎占去大學生修業課程的四分之一，約為二十八學分，情勢彷彿一片大好。

問題是臺灣的高等教育長期以來始終處於科技當道、專業掛帥的局面，通識課程教學經常流於雜亂無章的次等知識傳授。學生在學校裡被培養成各行各業的專家，卻未能使他們成為健全的公民和完整的人。此一困局亟待教育改革者撥亂反正，而前任教育部長曾志朗（1999）便曾大聲呼籲，推動生命教育，乃是教育改革不能遺漏且為最核心的一環。筆者認為，以新興的生命教育來改善傳統的通識教育，讓彼

此融會貫通，或許是一條可行的途徑。

（二）通過副學程以開展通識教育及生命教育的可能

通識教育是相對於專門教育而言，二者皆屬知識教育。
生命教育的精神在此正好相對於知識教育，主要屬於情意教育。曾志朗（1999）認為教改缺乏情意教育，是一件令人
遺憾的事情。從教育的性質看，通識教育反映的是形式面，
生命教育則屬內涵面。教育部（2001: 2-3）在《推動生命
教育中程計畫》指出：

> 現行學校教育的內容已含括了部分生命教育的內涵，
> 但尚未能完全有效落實於學生生活實踐中。

計畫內並考察了教育現況，大學部分的生命教育集中於
通識課程。

前瞻地看，政府未來將：

> 著重於生命教育課程之增補及整合，並於大學通識課
> 程中規劃完整之生命教育學程。

如果希望此一學程的學習成果能夠「完全有效落實於學
生生活實踐中」，筆者建議將之設計成通識生命教育副學
程，類似一門副修學養，以相輔相成之效。

二、議題考察

（一）結合通識教育與生命教育的核心議題

通識教育是形式，生命教育為內涵，二者結合的成果即是通識生命教育副學程。臺灣各大學的通識教育原本模仿美國，進行科技與人文的對話，以打破「兩種文化」彼此割裂不相聞問的局面。但是過去十八年的實施結果，只能說是差強人意。問題也許出在沒有一個核心議題。事實上，「兩種文化」論述的原創者施諾早在1963年即已明白提示，以分子生物學做為科技與人文兩大壁壘共同關切的主題。

分子生物學所探討的主要對象即是基因，這在二十一世紀的今天，無疑已成為最大顯學。對其進行人文反思及批判，正是生命倫理學的主要任務。生活實踐的主體是人，人乃無逃於天地之間的存有。基因則可說是人之所以為人的生物性基礎，其上始有心理、社會、倫理、靈性等活動，推動生命教育對此不可不察。

（二）通識生命教育副學程的統整性與實用性

通識教育強調科技與人文對話的重要，希望融自然科學、社會科學、人文學於一爐，以期對大學生和社會大眾有所助益。通識生命教育副學程正是一門具有統整性知識涵蓋與實用性生活實踐的生命的學問及生活的藝術，面面俱顧，無所偏廢。

通識生命教育副學程理當從生命科學入手。瞭解科學不

等於相信科學主義，但是談起人的生命、生活、生存，卻不言及生命科學論述，無疑正好陷入「兩種文化」割裂的困境。筆者相信通識生命教育副學程的推行，可以彌補這方面的缺失。

至於通識生命教育副學程的具體內容，可以從教育部推動生命教育的初衷向上開展。曾志朗於2000年中曾在組成「推動生命教育委員會」的記者會上說明，生命教育的議題內容包括人際關係、倫理、生死學、宗教、殯葬禮儀五大項（中央日報，2000a）。此外，教育部還整合了已經實施多年的情緒教育和性別平等教育於生命教育中（中央日報，2000b）。這些都是用以建構通識生命教育副學程的豐富議題。

三、學程建構

（一）圍繞著生命教育論述的知識──權力流動

談學程建構一如考察學科建構，不能不考慮教育市場內的知識──權力流動。拜教改之賜，臺灣的高等教育市場近年大幅開放。其中與生命教育有關的新興學科就有生死學、生命學、生死管理、生死教育與輔導等四科，它們都是在1997至2002年這五年之間陸續形成的。

學科建構最具體的表徵便是設置獨立的教學研究系所，上列四科即依此模式而成立。但是平心而論，生死學、生死管理、生死教育與輔導三者皆不脫西方死亡學與死亡教育的

影響，多言死少談生。至於立足於本土的生命學則趨向於研究養生之道。這些新興學科都可以做為通識生命教育副學程的相關構面，卻仍有所不足。

　　臺灣的教育改革對高等教育最大的影響乃是賦權，像大學自主、教授治校等措施，意味著由政府主導的權力逐漸下放。2001年起更讓各校自行決定新增系所及學程，這使得新興學科的出現更有可能。為使臺灣各大學的通識教育和各級學校的生命教育更加落實，筆者建議：在大學部設置統整知識的通識生命教育副學程，進而在研究所設置培育師資的生命教育碩士學程。

（二）從生命倫理學到通識生命教育副學程

　　生命倫理學在西方國家堪稱深具影響力的科際整合學科，獨立的學程、學會、學刊甚至專業職位樣樣俱備。相形之下，在臺灣只能說是聊備一格。既然生命倫理學可以做為整合「兩種文化」的核心知識議題，則以此為出發點，在大學部設置通識生命教育副學程，應為具體可行的大學生命教育方案。

　　從生命倫理學到通識生命教育副學程，代表著知識教育的擴充與情意教育的延伸。生命教育在此必須把以性別研究為基礎的性別平等教育納入其中始得為功。兩性關係可說是中學生和大學生情意教育最重要的主題。事實上，臺灣在八十七學年度由省教育廳推行生命教育之初，正好遭逢一名高中資優女生為情尋短的悲劇事件，因此備受矚目。

生命教育的第一項主題爲人際關係，就大學生而言，兩性關係經常爲人際關係的焦點和重心。性別平等教育在此雖偏向情意教育，但對其進行知識探究同樣重要。筆者認爲，生命教育的各項議題，都應該從「生物／心理／社會／倫理／靈性」一體五面向，一以貫之地加以分析，無所偏廢。它們正是以生活實踐爲目的的通識生命教育副學程的知識與情意內涵。

四、生活實踐

（一）知識內涵

　　以生活實踐爲目的的通識生命教育副學程，既是著眼於學理的學程，也是落實於體驗的學程；前者強調知識內涵，後者重視情意反思。

　　生活實踐的知識分析必然要從生物層面著手，因爲任何生命皆有所本，本立而道生。大學生如果關心自己的生活實踐，可以選讀通識生命教育副學程，修習一門「生態與環境」的課程。這是對生命現象認知以及對生命價值反思的入門之道。

　　生活實踐在心理與社會層面的探討，以健全的人格做爲生活實踐的基礎和起點。從獨善其身到兼善天下、從內聖到外王，皆由此開始。一門「人際關係」選修科目，相信足以增長知己知彼的分析能力。至於學習參與社會性生活，身處工商社會中，一門「組織行爲」或能因應職場生涯所需。

對生活實踐的倫理與靈性分析，修習「應用倫理學」和「宗教概論」，將有助於大學生活的豐富。一旦擁有充實的人文與終極關注，大學生方能從事深思熟慮的存在抉擇。而每一刻獨立思考判斷下的存在反思與生活實踐，我們始能聲稱真正擁有自己。

（二）情意內涵

如果具有統整性與實用性的通識生命教育副學程得以在各大學設置，選修副學程的各學院學生，可以依主修領域的不同，調整自己修習的副學程課程。而在修畢副學程之前，應該加修一門統整課程「生命教育實習」。這門課的特色是統整上述五個面向，並且能夠實際操作，讓學習者全盤體現副學程的知識與情意內涵。

「生命教育實習」本身即是一系生活實踐，是一名大學生有心改善生活素質的具體表現。這門課要求學習者不斷辯證地發展理論探究和實務體驗的廣度與深度。在實習過程中，學習者必須涉足生、老、病、死四種情境，一以貫之的則是無私的大愛。課程設計成實作方式，讓學習者走進醫院、養老院、殯儀館、寺院教堂等處所，去從事實地考察，並進行社會服務。其目的是使大學生能夠從躬行實踐中開發自己生命的潛能，並充分瞭解其限度。

筆者過去長期從事生死教育的教學、研究與社會服務，逐漸體會出它所具有的階段性辯證意義：個體生命出現困擾疑惑，開始追求對死亡的瞭解，但最終仍必須回返生活，如

實存在地活在當下。從「生—死」轉向「生—活」，正是筆者心智擴充與情意提昇的結果，謹在此提出與大家分享。

肆、結語——生命教育的展望

　　將大學通識教育中生命教育相關課程，通過通識生命教育副學程加以統整應用，乃是筆者構想結合二者以發揮其功能綜效的具體步驟。教育部所推動的生命教育分為前四年中程計畫和後六年長程計畫兩部分，由學校教育推廣到家庭教育及社會教育，並認為唯有「三合一」共同推動，生命教育方能奏效（教育部，2001）。學校教育既然是推動生命教育的起點，則教師必然扮演極重要的角色（教育部，2001：7）。問題是臺灣各大學：

> 在師資培育課程方面，除少數學校自行開授「生命教育課程與教學」相關課程外，仍缺乏系統性培育工作。（教育部，2001：3）

　　所以教育部在函頒《推動生命教育中程計畫》時特別指示：

> 各師資培育機構……應納入生命教育課程，提升教育人員人文素養。（教育部，2001）

　　而大學正是培育中小學師資的搖籃。

教育部在最近表示，希望負責師資培育機構的大學，能優先把生命教育納入正式課程，以儲備具有生命教育涵養的師資，有助於中小學階段生命教育的實施（中央日報，2002）。因此筆者乃發心撰寫本篇論文，以呼籲各大學盡可能結合學校資源與社會需求，持續培育學士及碩士甚至博士層級的生命教育師資，以提供各級學校以及社會成人教育師資所需。唯有師資提供的活水源頭不虞匱乏，生命教育方能永續發展，可長可久。

參考文獻

教部1.6億推動生命教育（2000a，8月2日）。《中央日報》。

生命教育課程中學帶頭跑（2000b，8月4日）。《中央日報》。

教長推動生命教育納學程（2002，1月16日）。《中央日報》。

行政院國家科學委員會（1997）。《中華民國科技白皮書——科技化國家宏圖》。臺北：國科會。

行政院國家科學委員會（2000）。《中華民國人文社會科學白皮書》。臺北：國科會。

金耀基（1983）。《大學之理念》。臺北：時報文化。

教育部（1986）。《「我國大學通識教育實施現況之調查研究」報告》。臺北：教育部。

教育部（1992）。《中華民國高等教育簡介》。臺北：教育部。

教育部（2001）。《教育部推動生命教育中程計畫（九十至九十三年度）》。臺北：教育部。

曾志朗（1999）。〈生命教育——教改不能遺漏的一環〉。載於李遠哲等著，《享受生命——生命的教育》（頁1－7）。臺北：聯經。

鄧志松（2000）。美國大學通識教育近年的變革：參考與借鏡。《中大社會文化學報》，11，141－168。

生命教育與九年一貫課程的統整
——師資培育觀點

•••••••••••••••••••••••••••••••••••••••

壹、引　言

　　為因應全球性的教改脈動，政府乃致力於教育改革，以整體提升國民素質及國家競爭力。教育部依據行政院核定的〈教育改革行動方案〉，制定以國民中小學九年一貫課程之規劃與實施為首要任務，自民國1997年4月至2001年8月，分三個階段進行課程修訂，而於2000年9月公布《國民中小學九年一貫課程暫行綱要》（教育部，2001a）。《綱要》將九年一貫課程分為七大學習領域，其中「綜合活動學習領域」實施要點中，十項指定內涵的第二項是為「生命教育活動」。其後教育部又函頒《教育部推動生命教育中程計畫（九十至九十三年度）》（教育部，2001b），做為政策推行的依據。

　　筆者身為師資培育大學教師，關心生命教育的推動與發展，遂以官方公布的文件為基礎，探討推動生命教育的可能性與限度，主要著眼於師資培育大學生命教育的落實。筆者認為，中小學教師皆來自大學，大學生命教育得以落實，中小學生命教育的推動才有可能。

貳、生命教育的論述

一、官方論述

　　生命教育是政府近年大力推動的一項教育活動，教育部把2001年訂定為「生命教育年」，並於當年五月底函頒各級學校及地方政府一份《教育部推動生命教育中程計畫（九十至九十三年度）》。該公函對各級學校有所指示：

> 各級學校應依本中程計畫建立以生命教育為教育核心之共識，訂定生命教育實施計畫，辦理各項相關活動。

同時針對師資培育機構特別規定：

> 各師資培育機構及各地方政府之教師研習中心應納入生命教育課程，提升教育人員人文素質。

由此可見生命教育是針對學生和教師齊頭並進的。
　　生命教育其實早於1998年秋季，即由臺灣省政府教育廳在省屬中等學校開始推動。精省後中央政府鑑於其重要性，逐於2000年8月，由教育部長廣邀學者專家組成「推動生命教育委員會」。在記者會上，部長曾志朗明確指出，未來生命教育課程內容包括人際關係、倫理、生死學、宗教、殯葬禮儀等五大項；中小學以活動來進行，大學列入通識教育課程，師資培育機構也有配套的教育學程（中央日報，

2000）。

　　委員會經過十個月規劃，拈出一份主要針對中小學的中程計畫，其〈前言〉表示：

> 期盼所有的教師與家長，均能展現教育大愛，培養具有良好人格，並對人感恩、對物珍惜、對事負責以及對己悅納之青少年。

而其「十年展望」則訂定未來發展為：

> 前四年之中程計畫將著重於中小學之生命教育課程、師資、教材等之研發及推廣。後六年之長程計畫則著重於生命教育課程之增補及整合，並於大學通識課程中規劃完整之生命教育學程。

　　由以上論述可以發現，生命教育的推動有其階段性，中小學先行，大學隨後跟進。問題是中小學教師為大學畢業生，大學生沒有接觸過生命教育，如何到中小學去推廣？本篇論文主要就在嘗試解決這個問題。

　　當然並非所有的大學生都對生命教育一無所知。《中程計畫》指出，約有三分之一大學校院開設相關課程，包括倫理學、人生哲學、生死教育之類課程。根據教育部統計，進入2003年秋季，臺灣共有一百五十一所頒授學位的大學校院。照推算，開授生命教育相關課程的大學約有五十所左右。而屬於中小學師資培育機構的大學則有六十所，它們不

見得都開授有生命教育課程。

　　因此據保守估計，大概有一半的師資培育大學，缺乏生命教育培訓管道。這些學校訓練出來的教師，到了中小學去服務，可能會出現無可適從的窘境。加上目前中小學教師還要努力去適應九年一貫課程所帶來的轉型衝擊，恐怕更無暇落實生命教育的良法美意了。

二、民間論述

　　做為國家教育政策的生命教育，雖然曾經大張旗鼓地推動了一陣，無奈主事者一旦換手，它就逐漸陷入邊緣化的危機（民生報，2002）。所幸生命教育從1998年省教育廳時代推行起，前後已經累積了五年經驗。有些在地方上推動生命教育的學者，雖未列名官方委員會，卻有相當旺盛的生命力和企圖心。這群學者早在全國性的生命教育尚未正式起步時，便開始為文探討其中真諦。幾年下來沛然蔚為一股民間論述的廣大力量，足以與官方論述分庭抗禮。

　　尤其當最近整個官方計畫彷彿陷入停頓，反倒是民間的聲音開始匯流，終於拈出一個具有共識的主題──「生死教育」取向的生命教育。這個提法雖然被官方論述批評為窄化了生命教育的視野（孫效智，2000），然而當官方腳步停滯不前時，卻有一所大學於2002年設立了「生死教育與輔導研究所」，使得「生死教育」提法的正當性更加被彰顯。

　　生命教育有許多取向，從省教育廳到中央教育部所推動的生命教育，承繼的是臺中市曉明女中實施了二十年的倫理

教育傳統，屬於「倫理教育」取向，甚至可以說一開始二者完全等同。前省教育廳長陳英豪（1998）即在頒發給全省中學的《生命教育教師手冊》卷首語明言：

> 委請曉明女中成立臺灣省中等學校「倫理教育推廣中心」、規劃「生命教育」課程、負責編纂教材，正是要借重曉明女中這二、三十年來的教學經驗，把「倫理教育」推廣到各校。

這種倫理教育取向的生命教育，甚受倫理學者青睞，認爲其內涵在學理上應涵蓋人生與宗教哲學、基本與應用倫理學，以及人格統整與情緒教育三個領域（孫效智，2000）。

倫理教育取向的生命教育一旦失去政府的支持便顯得力不從心，反倒是民間源於引介西方死亡教育的生死教育取向後來居上。其實早在1998年生命教育自臺灣省起步時，高雄市政府教育局也同步推出一套從小學到高中完整的生死教育教材，市長吳敦義（1998）揭櫫其目的：

> 旨在藉由學校教學，彰顯生命循環之真諦，引導學生建立積極正向的人生觀。

雖然高雄市的生死教育也因爲主事者的更迭而不了了之，但是當年所匯集的一股民間論述卻未隨之散去，反而益形鞏固，至今方興未艾。教育學者吳庶深（2002: 10）分析了目前的景況：

生死取向的生命教育為目前主流的論述。人們只要一
談到關於生死都很怕，死亡教育更不用說了，所以目
前我們以生命教育來取代，這是國情的不同。

　　然而無論何者為主流論述，筆者認為，唯有結合官方和
民間論述、統整倫理和生死取向，方能全面涵蓋前任教育部
長曾志朗所宣示的生命教育五大主題：人際關係、倫理、生
死學、宗教、殯葬禮儀。

參、國民中小學九年一貫課程的論述

一、官方論述

　　國民中小學九年一貫課程的發展，緣起於教育改革的趨
勢與需要。臺灣教育改革的主要推動者──行政院教育改革
審議委員會，經過數年的研議，提出一份《教育改革總諮議
報告書》（1996），為教育部執行教改提供了理論基礎與策
略規劃。教育部（2001a）所揭櫫的九年一貫課程基本理念
與內涵包括：

　　本質上，教育是開展學生潛能、培養學生適應與改善
　　生活環境的學習歷程。因此，跨世紀的九年一貫新課
　　程應該培養具備人本情懷、統整能力、民主素養、鄉
　　土與國際意識，以及能進行終身學習之健全國民。

上述理念與內涵所訂定的課程目標，其基本理念為：

以生活為中心，配合學生身心能力發展歷程；尊重個
性發展，激發個人潛能；涵泳民主素養，尊重多元文
化價值；培養科學知能，適應現代生活需要。

九年一貫課程的目標包含了人與自己、人與社會、人與
自然三方面的學習。一旦落實於課程設計，就應該以學生為
主體，以生活經驗為重心，進而培養現代國民所需要的十項
基本能力：一、瞭解自我與發展潛能；二、欣賞、表現與創
新；三、生涯規劃與終身學習；四、表達、溝通與分享；
五、尊重、關懷與團隊合作；六、文化學習與國際瞭解；
七、規劃、組織與實踐；八、運用科技與資訊；九、主動探
索與研究；十、獨立思考與解決問題。

整個九年一貫課程的設計，最具特色的部分，乃是為培
養學生的十項基本能力，架構出七大學習領域：

為培養國民具備之基本能力，國民教育階段之課程應
以個體發展、社會文化及自然環境等三個面向，提供
語文、健康與體育、社會、藝術與人文、數學、自然
與生活科技及綜合活動等七大學習領域，……除必修
課程外，各學習 領域，得依學生性向、社區需求及學
校發展特色，彈性提供選修課程。……學習領域之實
施應以統整、協同教學為原則。……各學習領域學習
階段係參照該學習領域之知識結構及學習心理之連續

發展原則而劃分⋯⋯。

至於生命教育在整個九年一貫課程裡的定位，是在綜合活動學習領域中，十項指定內涵的第二項：

生命教育活動：從觀察與分享對生、老、病、死之感受的過程中，體會生命的意義及存在的價值，進而培養尊重和珍惜自己與他人生命的情懷。

因為綜合活動學習領域涵蓋國小、國中九年一貫，只要學校行政主管有心、授課教師有為，相信生命教育的種子可以順利栽種下去。

二、民間論述

雖然教育部指示「各級學校應⋯⋯建立以生命教育為教育核心之共識」，但是平心而論，生命教育在九年一貫課程裡只是聊備一格，連七大學習領域之外的六項重大議題亦未列入，似乎較兩性教育都不如。不過這可能是時間上的延宕所致。因為教育部在1997年即成立了「兩性平等教育委員會」，當時九年一貫課程正在如火如荼地規劃設計，兩性教育恭逢其盛，得以順利融入其中。而「推動生命教育委員會」直到2000年8月初才成立，不及兩個月，《國民中小學九年一貫課程暫行綱要》便明令公布，生命教育根本趕不上列入議題。

國民教育的目的在於「培養現代國民所需的基本能力」，生命教育的目的則在於「培養具有良好人格，並對人感恩、對物珍惜、對事負責以及對己悅納之青少年」。雖然後者陳義較高，但它與十項基本能力的要求多少也有所契合。因此學校行政主管與教師，不能因為九年一貫課程較少言及生命教育，就不把它當一回事。事實上，在後現代狀況下，學生更可能無所適從，也就更需要生命教育。

　　九年一貫課程的設計，在相當程度上反映出後現代課程論的精神，它具有因應後現代社會的來臨、反極權中心而趨於多元邊緣、反學科本位而走向統整聯貫等三項特色（楊洲松，2000）。在這種後現代情境中，整個教育活動都面臨拆解與重建的壓力。而重建的工作包括：個人認同的重建、課程內容的重建、教學策略的重建、教育制度的重建（周珮儀，2001）。

　　如果九年一貫課程的施行，涉及課程內容、教學策略以及教育制度的重建，那麼生命教育至少可以在個人認同的重建方面著力。現代化教育的集權，曾經使得教師與學生沒有選擇餘地；後現代教育的賦權，卻可能造成雙方的無所適從。針對各級學校而推動的生命教育，必須讓教師與學生雙方，都能夠學會在多元價值的環境中有所取捨。

　　教育改革有破也有立，九年一貫課程對過去半世紀的國民教育而言，可謂大破而後大立。有關破除的部分，包括反集權、反學科知識本位、反菁英導向；有關樹立的部分，包括學校本位、課程統整、空白課程、能力本位、績效責任等

（陳伯璋，2001）。由於九年一貫課程具有「賦權」的特色，因此生命教育即使沒有列入《暫行綱要》大書特書，只要學校行政主管和教師充分體認它的重要性，還是可以利用各種管道加以落實。

教育改革不是空穴來風，生命教育亦非杞人憂天，二者的交點指向臺灣自解嚴後所帶來的價值多元與人心思變。過去定於一尊的思維和行為模式面臨挑戰，一切都求新求變（陳伯璋，2001）。求變造成人們面對多樣的選擇。教導年輕人學習對生命、生活、生存進行反思，以做出最適當的抉擇，正是生命教育的真諦。

肆、批判的觀點

一、對生命教育的批判

生命教育的意義固然恢宏崇高，但其前後推行四年，卻已陷入曲高和寡的境地，也是不爭的事實。居於核心的倫理學者孫效智（2002）對此表示了憂心：

> 除非更多的人能認識到生命教育的重要性，而不止是冷漠旁觀；也除非更多已肯定生命教育重要性的人能彼此合作，並以無比的信心，面對艱難險阻。否則，上有擅長表面工夫的官僚文化，下有明哲保身而疲於奔命的學校老師，再加上整個大環境的急功近利與價值扭曲，要不匯聚為向下沉淪的力量，恐怕也難。

究竟由政府所推動的生命教育執行成效如何？一篇報紙的社論（民生報，2002）給予了負面的評價：

> 生命教育非但無法成為整個教育的核心，反而它自己
> 就邊緣化得厲害。目前教材雖試編出來了，但試辦的
> 國中大體只是利用周會、班會、聯課活動、導師時間
> 或空白課程等時間來實施；故生命教育也者，在現行
> 體制中，仍是輔助性、邊緣性的。學生並未因我們推
> 動生命教育，而在人生態度、價值觀、犯罪率、自殺
> 率、情緒商數等各方面，有何改進。

　　筆者身為生命教育教師，面對上述困境和逆境，亟思尋求改善之道。然而在推陳出新之前，理當先正本清源（但昭偉，2002）。根據個人的教學經驗，筆者認為生命教育難以推動，除了行政配合的落差外，「失焦」恐怕是最大的問題。所謂「失焦」，便是指失去準度。幾乎沒有人能準確說清楚什麼是生命教育，因為它的涵蓋面實在太廣泛。包容極廣的結果是缺乏重心，學校主管和教師不知道到底要做些什麼。久而久之，自然會流於形式，不了了之。

　　依筆者之見，生命教育理當效法兩性教育，先找出待解決的「核心議題」。1997年「兩性平等教育委員會」的成立，跟當時學校裡和社會上的性騷擾、性侵害事件層出不窮有關。而這些正是兩性教育的核心議題。相形之下，生命教育的主題便嫌多了。人際關係、倫理、生死學、宗教、殯葬

禮儀五項，其實可以分為倫理教育取向和生死教育取向兩方面。但倫理教育從小學到大學都在教，沒有必要另立名目來推行。倒是生死教育可以抓緊自殺、傷害、災難等事件深入研究。這些便是筆者所指待解決的生命教育專屬「核心議題」。

生死教育相當於國外的死亡教育，其實臺灣早在1979年，就有學者從衛生教育的立場開始提倡（黃松元，1993）。只是國人忌諱直接而全面地談論死亡，便在材料中添加一些「生」機，從而蔚為生死教育。同樣的情形，兩性教育的議題有許多是屬於性教育的，但在臺灣稱「兩性教育」或許較易推行。其實性教育與死亡教育算得上是西方教育的主流，移植到臺灣來卻需要層層包裝，還不見得能夠暢行無阻。其中的意涵，值得進一步探討。

二、對九年一貫課程的批判

國民中小學九年一貫課程是教育改革中課程革新的一項努力，生命教育則是針對中小學生而推廣的一種情意教育。由於教改以前課程缺乏彈性，生命教育很難融入其中。教改後課程鬆綁，生命教育可以發揮的空間無形中大增。但是九年一貫課程的施行本身，仍有許多待解決的問題，需要大家正視。

教育學者林生傳（1999: 17）分析了政府推動教改背後的動機：

「九年一貫課程」的改革方案，所採取的是偏向整體的
急進的模式，是較顛覆的方式。所以如此，一方面是
基於前此為增加認識臺灣內容於課程標準與教科書
中，其輕重過與不及，引起激烈的紛爭，唯恐日後類
此意識型態的鬥爭還會再度發生；一方面，把近年來
在壓力團體施壓下，勉強在科目本位架構下，不斷增
加分量致顯得臃腫難行的課程完全放棄；中央順勢可
以丟開燙手山芋，由地方與學校來接手，降低壓力團
體的施壓。

　　如果上述情形屬實，則課程鬆綁、權力下放，卻不一定
能真正落實教育改革的理想，充其量只能在「學校本位」的
大帽子下「摸著石子過河」，邊走邊瞧。

　　九年一貫課程於1998年起試辦，國小和國中分別於
2001及2002年起正式實施，四年下來竟然問題重重。曾任
師範學院校長的資深教育學者歐用生（2002：13-21），即
提出了八點批評：一、理論不在，盲目進行；二、概念模
糊，邊作邊修；三、課程鬆綁，鬆了再綁；四、內容僵化，
定於一尊；五、市場導向，流於花俏；六、「快樂」有餘，
「體驗」不足；七、陷阱處處，防不勝防；八、技術理性，
主導改革。他甚至用嚴厲的口吻指出，九年一貫課程是「改
革但沒有產生不同」，是「披著羊的外衣的狼」。如果一場聲
勢浩大的教改工程，到頭來只辦成一場大型的嘉年華會，主
事者就應該檢討深思了。

課程改革的理想與現實之間的落差，可以歸結爲宿命的落差、能量的落差、結構性的落差，以及表象對實質的落差四種（吳麗君，2002）。這似乎顯示九年一貫課程的施行，具有先天不足、後天失調的弊病。但是當我們退一步想，那一項改革是充分完備、十全十美、一勞永逸的？任何理想的努力，就像英國哲學家卡爾·波柏所言，是在大海上修補破船，只能穩紮穩打，不能拆掉重來。

　　總而言之，九年一貫課程也好，生命教育也好，都不是完美無缺的政策。但是它們已經上馬推行了，身爲教師的我們，理當盡力加以落實。以下筆者即嘗試對將生命教育統整於九年一貫課程作出建議，它又可以分爲兩層來看：課程層面和師資培育層面。

伍、師資培育觀點下的生命教育課程統整

一、生命教育與九年一貫課程的統整

　　課程統整在根本上涉及了教育哲學中知識論方面的問題，也就是人類的知識究竟可不可以分類？如果可以又當如何分類？傳統上中國有「六藝」，西洋則有「四科」。如今臺灣實施的是西式教育，教育內容的知識分類當然也追隨西方。在臺灣被教育學界公認並熟知的，當屬英國教育哲學家赫斯特所列的七種具有獨特型式的知識：自然科學、數學、有關人的科學、歷史、宗教、文學及藝術、哲學（黃藿、但昭偉，2002）。周淑卿（1999）正是用這套分類標準，去質

疑九年一貫課程所劃分的七大學習領域缺乏合理依據。因為劃分缺乏依據，所以統整出現困難。解決之道唯有回到知識論的源頭上去考察。

課程統整是教育界所使用的概念，其實國內學術界早在二十幾年前就已引進「科際整合」的概念，甚至成立了一個專門研究團體。科際整合的目的，是為因應知識高度分工後見樹不見林的弊病，同時也為科技發展一日千里下所形成的新興學科提供知識正當性。科際整合的前提是知識的分類，其源頭可以回溯至古希臘時期哲學家亞理斯多德的偉大貢獻。如今許多為大家所熟知的傳統學科，像物理學、心理學、經濟學、政治學、社會學等，都是從哲學的分支裡，逐步獨立出去的學科（洪如玉等，2001）。不過知識分類並非指由一衍生多，而是依認知的對象分門別類，這便涉及了知識論。

人類的認知活動在十七世紀發生了一場革命，這便是所謂的「科學革命」（楊愛華等，1992），此後自然科學大興。十八世紀受到哲學家康德的影響，人們傾向於將知識分為自然科學與人文科學兩大類。雖然在十九世紀自然科學一度甚囂塵上，儼然要將人文科學一網打盡。但是到了二十世紀，終於奠定知識二分或三分的局面（杜奉賢、陳龍森，1991）。一般而論，歐陸國家常將自然科學與人文暨社會科學二分，英語國家則以自然科學、社會科學、人文學三分天下。臺灣主要效法美國，所以大多使用三分法論述。

知識的天下三分只是一種方便法門，並非讓人們劃地自

限。無論是科際整合或課程統整，都不能忽略此點。知識的分類是基於人類的認知活動可以採用不同方法去探究外在以及內在世界，而非世界的結構原本就壁壘分明。換言之，課程統整最終仍必須還原到人心上面來。目前國民中小學七大學習領域是依人與自己、人與社會、人與自然三個面向所發展出來的，恰與知識的人文、社會、自然三分概念不謀而合。生命教育與九年一貫課程的統整，自當由此出發漸次落實。尤其是生死教育取向的生命教育，因為涵蓋生、老、病、死，對人的「生物／心理／社會／倫理／靈性」一體五面向無所偏廢，無疑是課程統整的範例。

二、師資培育觀點下的課程統整

　　既然生命教育和九年一貫課程都是勢在必行的政策，筆者到頭來只希望推廣一個理念：師資培育大學的生命教育，與中小學生命教育的成敗興衰息息相關。根據2003年8月正式實施的新版〈師資培育法〉，「師資培育之大學」是指有資格「培育高級中等以下學校及幼稚園師資」的「師範校院、設有師資培育相關學系或師資培育中心之大學」。目前臺灣的一百五十一所大學校院中，有六十所大學總共開辦了八十八種教育學程，包括中學、小學、幼教以及特教學程（中央日報，2002a）。問題是這六十所大學或學院，有沒有足夠的生命教育課程。筆者認為，中小學生命教育與九年一貫課程的統整成敗與否，至少部分繫於師資培育大學的生命教育與教育學程是否成功地統整。

師資培育觀點下的課程統整在此分爲兩層：在先的是師資培育大學生命教育與教育學程的統整，其後才是國民中小學生命教育與九年一貫課程的統整。事實上，九年一貫課程將於2005年向上銜接高中課程。教育部在修訂〈高級中學教學科目及學分數表〉草案時，已將「生命教育類」課程列爲選修科目（中央日報，2002b）。而新頒布的〈中等學校、國民小學教師教育學程科目及學分審核原則〉，亦將「生命教育」列爲選修參考科目。配套的法令規章既已大致齊備，剩下就看各校如何落實執行了。

　　國民中小學生命教育與九年一貫課程的統整，可以從人與自己、人與社會、人與自然三方面著手，進行人文、社會、自然三種知識領域下七大學習領域及六大議題的相互統整。筆者在此並建議，將生命教育視爲第七項重大議題，一併納入統整的範圍。中小學教師在從事生命教育課程統整的時候，理當秉持「科技與人文對話」的大原則來進行。

　　「科技與人文對話」正是師資培育大學生命教育與教育學程課程統整的起點，它不可能在已經壓縮得很緊的教育學程修習科目中落實，只能通過大學通識教育選修科目配套實施。今日大學通識教育雖然施行得不盡如人意，但是它在1984年起正式實施之初，所秉持的正是「科技與人文對話」的原則（教育部，1986；1992）。而這也是政府近年推動「科技化國家宏圖」的既定政策（國科會，1997；2000）。

　　通識教育推動的初衷，既然是尋求科技與人文對話，而生命教育的長程計畫也準備「於大學通識課程中規劃完整之

生命教育學程」（教育部，2001b），則大學生命教育納入通識教育，而與教育學程進行課程統整，自有其教育正當性。為提昇中小學師資的生命教育水準，筆者主張各師資培育大學在對師資生的甄選過程中，將其是否修習有關生命教育的通識課程，列為一項考核項目，如此或能篩選出較具生命教育理想的準教師。

陸、結　語

　　筆者在本篇論文中再三強調，國民中小學生命教育與九年一貫課程的統整成功與否，部分繫於師資培育大學生命教育是否成功地與教育學程進行課程統整。當然準教師具備充分的生命教育素養，進到學校裡面去，倘若校長與行政主管不支持這項良法美意，也可能功敗垂成。但是一名教師對生命教育毫無概念或一知半解，即使校長或主任再怎麼大聲疾呼，也不可能讓這項政策澈底落實。教師的生命教育素養，對中小學生命教育的實施，有其決定性的影響，這點實在值得有識之士深思並予認同。

　　目前臺灣推行的生命教育有倫理教育和生死教育兩種取向。其中倫理教育取向是借用一所天主教中學積二十年教學經驗的成果，支持的大學學者專家中，又頗多具天主教背景，使其陳義過高且宗教色彩濃厚，推行之初甚至受到社會質疑。相形之下，生死教育取向就有人本關懷，直指人心，就事論事，對諸如墮胎、自殺、安樂死、愛滋病、基因科技

等課題，皆能提出中肯的建言，頗能收切中時弊之效。平心而論，若能將兩種取向截長補短、去蕪存菁，現行的生命教育將能夠更為開闊、更加落實。

　　生命教育落實與否，取決於執行者的價值判斷。部長、局長、校長、主任、教師等一系列涉入的人士，都必須覺得它有推動的必要，事情才做得通。當然個別教師自發的努力同樣值得鼓勵。不過眾志成城，筆者仍然強調上行下效的重要。「一二人心之所嚮」正是生命教育的成敗關鍵，在位者能不慎乎？

參考文獻

教育部1.6億推動生命教育（2000，8月2日）。《中央日報》。

大學教育學程修課人數新低（2002a，8月18日）。《中央日報》。

高一、二課程不分化　科目減併（2002b，5月3日）。《中央日報》。

生命教育的成效何在？（2002，6月7日）。《民生報》。

行政院國家科學委員會（1997）。《中華民國科技白皮書——科技化國家宏圖》。臺北：國科會。

行政院國家科學委員會（2000）。《中華民國人文社會科學白皮書》。臺北：國科會。

行政院教育改革審議委員會（1996）。《教育改革總諮議報

告書》。臺北：行政院。

但昭偉（2002）。《思辯的教育哲學》。臺北：師大書苑。

吳庶深（2002）。〈生死教育的回顧與展望〉。載於林綺雲
　　等主編，《生死教育與輔導》（頁3－16）。臺北：洪
　　葉。

吳敦義（1998）。《生死教育手冊》。高雄：高雄市政府。

吳麗君（2002）。〈九年一貫課程的首演——改革理念與實
　　務面向的落差〉。載於中華民國課程與教學學會主編，
　　《新世紀教育工程——九年一貫課程再造》（頁25－
　　52）。臺北：揚智。

杜奉賢、陳龍森（譯）（1991）。《論社會科學的邏輯》
　　（Jurgen Habermas著）。臺北：結構群。

周珮儀（2002）。〈知識、權力和愉悅的三位一體：後現代
　　文化中的表徵教育論〉。載於臺灣教育社會學學會等主
　　編，《九年一貫課程與教育改革議題：教育社會學取向
　　的分析》（頁3－19）。高雄：復文。

周淑卿（1999）。〈論九年一貫課程的「統整」問題〉。載
　　於中華民國課程與教學學會主編，《九年一貫課程之展
　　望》（頁53－78）。臺北：揚智。

林生傳（1999）。〈九年一貫課程的社會學分析〉。載於中
　　華民國課程與教學學會主編，《九年一貫課程之展望》
　　（頁1－28）。臺北：揚智。

洪如玉等（譯）（2001）。《哲學概論》（Robert P. Wolff
　　著）。臺北：學富。

孫效智（2000）。〈生命教育的內涵與哲學基礎〉。載於林
　　思伶主編，《生命教育與教育革新學術研討會論文集》
　　（頁1－24）。臺北：輔仁大學。

孫效智（2002）。〈生命教育的困境與展望〉。載於《中央
　　日報》，7月29日。

教育部（1986）。《「我國大學通識教育實施現況之調查研
　　究」報告》。臺北：教育部。

教育部（1992）。《中華民國高等教育簡介》。臺北：教育
　　部。

教育部（2001a）。《國民中小學九年一貫課程暫行綱要》。
　　臺北：教育部。

教育部（2001b）。《教育部推動生命教育中程計畫（九十
　　至九十三年度）》。臺北：教育部。

陳伯璋（2001）。《新世紀課程改革的省思與挑戰》。臺
　　北：師大書苑。

陳英豪（1998）。《生命教育教師手冊》。臺中：曉明女
　　中。

黃松元（1993）。《健康促進與健康教育》。臺北：師大書
　　苑。

黃　藿、但昭偉（2002）。《教育哲學》。臺北：空中大學。

楊洲松（2000）。《後現代知識論與教育》。臺北：師大書
　　苑。

楊愛華等（譯）（1992）。《科學革命史：對科學中發生革
　　命的歷史思考》（I. Bernard Cohen著）。北京：軍事科

學。

歐用生（2002）。〈披著羊皮的狼？──九年一貫課程改革
　　的深度思考〉。載於中華民國課程與教學學會主編，
　　《新世紀教育工程──九年一貫課程再造》（頁1－24）。
　　臺北：揚智。

大學文化素質教育的新方向
——生死教育

∗∗∗∗∗∗∗∗∗∗∗∗∗∗∗∗∗∗∗∗∗∗∗∗∗∗∗∗∗∗∗∗∗∗

壹、引 言

　　素質教育是大陸為因應基礎教育向「應試教育」傾斜的
缺失，於一九八〇年代所提出的教育體制改革路線。到了九
〇年代，這項教育改革的努力開始向高等教育延伸，希望藉
由提倡文化素質教育，以糾正大學側重專業教育和職業教育
的弊病。大陸在高校推動的文化素質教育，類似臺灣在大學
推動的通識教育。臺灣實施通識教育的理念，可回溯至美國
學者所倡議的「核心課程」，以及英國學者對「兩種文化」
割裂的隱憂。事實上，文化素質教育、通識教育、核心課
程、兩種文化等概念，都指向一個目的：「科技與人文對
話、科學與人文結合」，並且要在大學生的知、情、意、行
各方面加以落實。本篇論文嘗試提出一種以人文精神關心新
世紀科技發展的大學文化素質教育與通識教育新課題——生
死教育，做為提昇海峽兩岸華人全民素質的新方向。

貳、「素質教育」與「通識教育」的提法

一、「素質教育」論述

　　大陸自1978年邁向改革開放以來、即展開以馬列主義、毛澤東思想、鄧小平理論為指導綱領的教育體制改革路線。改革開放進入社會主義初級階段，允許分配形式多樣化，使得一部分人有機會先富起來（宋惠昌，1992），自此人民的價值觀逐漸起了變化。上學讀書、學習知識、改善生活的價值觀，受到學生家長的重視，文革時期為之斷喪的教育開始恢復生機，卻又不免陷入以考試為主導的教學窠臼。由於鄧小平的不斷指示，主管教育的政府部門逐於八〇年代中，揭櫫了基礎教育由「應試教育」向「素質教育」轉變的歷史任務。素質教育以提高國民的素質為目的，重視學生的德、智、體、美、勞各方面的和諧均衡發展（柳斌，2001）。

　　「素質教育」的提法在大陸，始自對基礎教育向考試掛帥傾斜弊病的改革。然而它的理念要求德、智、體、美全面發展，促使知、情、意、行和諧統一，因此除了中、小學生受用外，同樣可適用於大學生。基礎教育的素質教育理論與實踐，自九〇年代開始向高等教育延伸。1995年國家教委建立高校文化素質教育試點，意味著大學素質教育正式上馬。不同於中、小學素質教育是為改善「應試教育」的偏差，大學素質教育主要針對大學生文化素質匱乏的缺失，尤其是理工科大學所忽視的人文教育（張楚廷，2000）。

在高等教育階段，素質教育一般與「專業教育」或「職業教育」相輔相成，相互補充（龔放，1997）。近年不少大陸高校提出「加強基礎，淡化專業，因材施教，分流培養」的理念，以培養基礎寬厚、學科交叉的複合人才。其具體作法即是推行文化素質教育，開設文理科學生自選課，以擴大學生的視野（李玉華，2001）。這樣的理念和努力，相當類似於臺灣實施近二十年的大學通識教育。

二、「通識教育」論述

相對於大陸素質教育的涵蓋廣泛，臺灣通識教育實施的範圍則較為狹窄。素質教育兼顧到德、智、體、美，影響及知、情、意、行。而通識教育主要是智育方面的改善之道，且在晚近才考慮推展情意教育。即使從字面上來看，臺灣一位大學校長也認為，「素質教育」比「通識教育」用得要好，值得臺灣借鏡（劉源俊，2001）。

臺灣各大學實施通識教育的目的，在於預防學術研究專門化所導致眼光狹小以及本位主義的缺點。政府希望大學生對專攻學門以外的學術領域，也有較廣泛的基本瞭解，以培養眼光遠大、心胸開闊、器識恢宏的人才。它的具體作法便是開設許多自然科學、社會科學以及人文學的通識科目，讓學生在主修科系的學術範疇以外自由選修。通識教育選修課程在1984年正式上馬，所參照的乃是1978年由美國哈佛大學出版的《核心課程報告》。這份報告認為一個大學生在主修科系之外，應該熟悉其他方面的知識與技術，以滿足現代

「知識人」應有的訓練與修養（金耀基，1983）。

　　哈佛大學這份報告書所蘊涵的精神，可以上溯至英國科學家兼文學家斯諾於1956年首先提出的「兩種文化」割裂現象。斯諾指出，科技文化與人文文化之間存在著一道鴻溝，造成整個社會的損失。科技與人文雙方人馬缺乏對話的能力，將使得受過高等教育的人，無法站在同一水平上，認真討論重大的社會問題（陳恆六、劉兵，1987）。具有化學家背景的作家斯諾，早在1963年便呼籲世人重視DNA的意義與價值（林志成、劉藍玉，2000）。四十年前要大家看重DNA似乎言之過早，但是在跨入二十一世紀的今天，生物科技對人們的影響，一如上個世紀信息科技的無遠弗屆，正在不斷滲透進每個人的生活中。斯諾的高瞻遠矚，的確對我們起到振聾啓瞶的作用。

三、概念上的異與同

　　由於大陸仍處於社會主義初級階段，爲落實有中國特色社會主義精神文明建設，必須發展教育事業，以提高民族素質（宋惠昌，1992）。1999年中共中央國務院頒發〈關於深化教育改革全面推進素質教育的決定〉，開宗明義即強調，實施素質教育以提高國民素質爲宗旨，以培養學生的創新精神和實踐能力爲重點。高等教育部分，在於普遍提高大學生的科學素質和人文素質（李玉華，2001）。就這點來看，以「科技與人文對話、科學與人文結合」觀照大陸高校文化素質教育的發展方針，可說與美國及臺灣的大學通識教育同

調。

　　不過「素質教育」與「通識教育」的提法，在出發點上
仍有根本的不同。通識教育充其量只爲培養資本主義社會中
「受過教育的人」，素質教育則背負了「培養適應二十一世紀
現代化建設需要的社會主義新人」的重責大任，二者實不可
同日而語。

　　大學通識教育在臺灣實行了近二十年，爲呼應個人主義
日益盛行的社會風氣，任憑學生各取所需，結果造成學生盲
目選課，學習意願不高，使通識課程淪爲營養學分（鄧志
松，2000）。大陸雖然施行社會主義，但是許多高校院系主
管和學生，卻以實用、功利觀點來看待素質教育，使之流於
實用化、技術化和拼盤化，學生選課同樣見樹不見林（龔
放，1997）。

　　雖然兩岸大學實施素質教育或通識教育，都出現眼高手
低、形式重於內涵的問題，但素質教育與通識教育畢竟還有
一項重大的基本差異。從教育學的觀點看，素質教育代表著
一種新的教育哲學，足以做爲全面教育改革的指導綱領。而
通識教育則僅代表課程與教學上一項匡正時弊的努力。難怪
臺灣的大學校長會對大陸的素質教育寄與厚望。

參、大學素質教育與通識教育的內涵

一、大學素質教育的內涵與內容

　　大陸的素質教育是黨和國家政策的體現，從最大的範圍

看，提高國民整體素質，特別是廣大勞動者的素質，是增加綜合國力的基礎。而在國民素質教育上，鄧小平認爲，這主要是講思想政治教育（俞恭慶，2000）。它與其說是智育的主題，不如看作是德育的擅場。江澤民指出，思想政治素質教育的靈魂內涵，即是愛國主義、集體主義和社會主義思想。德育可據此落實爲三類課程：思想理論類、社會實踐類，以及文化素質類（秦一嵐，2001）。

儘管大學素質教育相當強調文化素質教育，但是完備的素質教育至少涵蓋十方面：屬於德育的思想政治素質、道德素質、法律素質；屬於智育的科學技術素質、人文素質、思維素質、創新素質；屬於體育的身體素質；以及屬於美育的心理素質和審美素質（李玉華，2001）。文化素質教育大體落在科學技術素質與人文素質兩方面。

以四川大學本科生教育爲例，學校明確指出，文化素質教育要堅持科學教育與人文教育相結合，以此規範文化素質教育的內容，規定理工學生應修十二學分人文、經濟、管理類課程，文科學生應修十二學分自然科學類課程。學校並堅持專業教育與文化素質教育結合、「兩課」教育與文化素質教育結合、理論教育與實踐鍛鍊結合等（四川大學，2002）。川大自1999年起成爲「國家大學生文化素質教育基地」，其努力的方向應具有相當的代表性。

科學教育與人文教育相互滲透融合，是大學文化素質教育的中心主題（張楚廷，2000）。它可以培養學生學術精神和宏觀視野，在大陸上也有學者稱之爲「通識教育」（宋秋

蓉，2000）。一位民辦大學的負責人更大聲疾呼，要以大學通識教育為基本途徑，逐步改革過於功利化的專才教育（黃籐，2001）。這可說是與臺灣的大學通識教育同調了。

二、大學通識教育的內涵與內容

大陸的大學文化素質教育強調科學與人文結合，與臺灣的大學通識教育主張科技與人文對話，的確有相當程度的同調。通識教育的概念自美國引進，在臺灣和香港都稱「通識教育」，大陸常見的譯名則為「普通教育」。通識教育是相對於專才教育而言，其前身為西方世界自古希臘一直延伸至十九世紀的「自由人教育」。自由人的意義在古代相對於奴隸，在近代則相對於工匠。它雖然排斥功利，卻蘊涵著強烈的階級意識（龔放，1997）。從歷史上看，歐洲以精英主義為特徵的「人文教養」，和美國的「普通教育」運動所形成的「共同教養」，是完全不同的概念。普通教育雖然是專業或專才教育的相對概念，但並不與之對立，而是要求學生從社會價值、多樣主題和問題中心等觀點，對知識一以貫之地統整（鍾啓泉，2001）。

知識統整能力的培養，正是通識教育的基本內涵。統整的精義是融會貫通，而非混合拼湊。四川大學要求理工科和文科兩大知識領域的學生互修十二學分，臺灣剛開始實施通識教育時，也以八學分為互選的下限。這種自由選修不同知識領域課程，以統整知識、擴充視野的理想，在綜合大學較易施行。而單科大學或學院常礙於師資不足，只能因陋就

簡，應付了事。所幸近年來兩岸先後推行大學整併，且大多是循著科技與人文相輔相成、互補互利的模式加以落實，也算是對文化素質教育或通識教育的體制化實踐。

知識統整有一種作法是對科技活動及其成果進行價值探討，其中包括對倫理道德的判斷。有香港學者認為，價值探討應該是通識教育課程的核心範疇（王啓義，1996）。理想的通識教育大方向，是通過知識的統整來達成人格的統一（陳伯璋，2001），這當然意味著知識與價值的無所偏廢。

三、內涵與內容的異與同

本篇論文寫作的方向，是希望勾勒出海峽兩岸大學文化素質教育與通識教育的共通形貌，那便是科學知識與人文知識的統整、科學精神與人文精神的結合。雖然素質教育志在培養「社會主義新人」，而通識教育只希望教出「受過教育的人」，目的不同並無損於手段的類似。筆者建議兩岸學者針對此點，應抱持「異中求同，同中存異」的有容乃大胸襟，相互交流，優勢互補。目前兩岸人民對中華文化的認同，以及對全球合流的重視程度，是相當一致的。正是站在對傳統文化的堅持和對未來世界的展望上，筆者主張用民族智慧去觀照現代知識，展開科技與人文的對話，促成科學與人文的會通。

考察西方思想史，古希臘時代追求真、善、美的無所偏廢，象徵著科學與人文精神的合一。中世紀雖然神權長期當道，但是隨後的文藝復興和啓蒙運動，又讓蟄伏的人心復

甦，科學革命於焉發生（楊愛華等，1992）。三百多年來人類文明所積累的科學知識，一方面為實用技術提供理論基礎，一方面也展現出理性戡天御物、經世濟民的人文精神（董樂山，1998）。如果科學技術是第一生產力，那麼人類理性心智的功能，正是將這種生產力運用得恰到好處。以人文主義精神反思科學技術的成果，並對其應走方向做出建議，正是許多西方學者的共同關注（肖峰等，1998）。相信這樣的課題，應該能在新世紀兩岸大學生的養成教育中占有一席之地。

　　如果兩岸大學文化素質教育與通識教育的內涵，可以在「科技與人文對話、科學與人文結合」的理念上找到交會點，那麼一些科學與人文知識統整下的交叉學科，便足以成為大學文化素質教育與通識教育的具體內容和講授課程。引介及探究人類「生物／心理／社會／倫理／靈性」一體五面向功能的「生死教育」與「生死學」，正是新世紀生物科技方興未艾下人文反思的一種努力。

肆、「生死教育」的提法

一、死亡教育

　　「生死教育」與「生死學」之說於1993年開始出現在臺灣，它其實是美國「死亡教育」與「死亡學」引進臺灣後的本土提法（傅偉勳，1993）。因為華人諱言死亡，便採用較為中性的名稱（吳庶深，2002）。臺灣最早引進死亡教育是

基於健康教育的需要,時間大約在1979年(黃松元,1993)。後來死亡教育與死亡學則伴隨著「臨終關懷」概念的引介,開始被有系統地提倡(黃天中,1988)。且持續成為教育、輔導、家政、社會工作等研究所碩、博士學位論文的主題(張淑美,1996)。

　　西方死亡教育的內容就是死亡學。「死亡學」的概念早於1903年在法國,即由一位後來得到諾貝爾醫學獎的生物學家,併同「老年學」的概念一道提出,而於1912年傳入美國。如今老年學在西方已成顯學,死亡學卻仍有待普及。這或許跟人們否認死亡、諱言死亡的心理有關。死亡學於二戰後受到存在主義流行的影響,逐漸在英語國家被談論。一九五○、六○年代之交時,一群美國心理學、社會學、精神醫學的學者,試圖改善社會上逃避死亡的心態,便大力提倡死亡教育。死亡教育先是在大學裡開授通識教育選修課程,後來逐漸向下延伸至中、小學基礎教育中,四十多年下來已卓有成效。

　　死亡教育所推廣的死亡學,其主要課題包括對死亡、臨終、哀慟的瞭解及因應之道。由於死亡涉及強烈的情緒反應,不易也不宜光是紙上談兵,因此美國人乃有「落實於學理的學程」與「落實於體驗的學程」相輔相成的作法。換句話說,死亡教育在西方國家是理論與實踐並重、智育與德育兼顧、科學與人文結合的,例如「臨終關懷運動」即是一項革命性的醫療照護措施。而在心理諮商領域中,悲傷輔導更形成為一門專業。北美地區的「死亡教育與輔導協會」就是

一個會員眾多、活動頻繁、影響廣泛的專業團體，擁有頒授專業證照的權威地位。

二、生命教育

　　死亡學在二戰後受到存在主義流行的感染而為英語國家所重視，主要是針對自殺防治。自殺問題雖於1897年由法國社會學家涂爾幹作出系統性的研究，但是直到1951年他的作品被翻譯成英文後，自殺學才在美國蔚為一門新興學科，而與死亡學交流。當美國的死亡教育陸續在大、中、小學施行後，學生自殺防治便成為學校心理諮商的重點項目。這種防患於未然的努力，近年也被臺灣教育主管當局引介推廣。但是礙於華人諱言死亡的心理負擔，西式死亡教育在臺灣被轉變成「生命教育」的官方提法，同時添加上許多正向的、多樣的內容。

　　英語國家也有「生命教育」的提法，不過他們的目標主要是防止毒品進入校園。而臺灣本土化的「生命教育」，則背負有倫理提倡、自殺防治、心靈重建、情緒管理等多重任務。「生命教育」於1998年在臺灣省屬的中等學校正式上馬，2001年成為臺灣地區各級學校普遍實施的一項教育政策。政府的指示是大學落實於通識教育課程裡，中、小學則融滲至課程統整的相關議題中。當時的教育部長曾明確指出，「生命教育」的內容包括人際關係、倫理、生死學、宗教、殯葬禮儀五大項。仔細考察，這五項議題其實有著先後順序，而「生死學」正居於承先啟後的地位。

「生命教育」在臺灣啓動之初，即碰上一名少女爲情輕生的社會事件，立刻引起熱烈討論。一年後全臺遭逢大地震，兩千五百多人罹難，政府從災區重建中體會到心靈重建的重要。後來又因爲教育部長是心理學家，熱心提倡EQ情緒管理。結果「生命教育」在短短四年中，承載了太多的任務，讓實際教導和學習的老師與學生無可適從，只好各盡所能，各取所需，卻因此可能陷入見樹不見林的困境。

三、生死教育

　　既然「死亡教育」容易讓人望文生義心存畏懼，而「生命教育」又不免予人焦點模糊使不上勁之感，臺灣有些學者就倡言以「生死教育」爲「生命教育」聚焦，並由此落實死亡教育（張淑美，2001）。平心而論，「生命教育」在臺灣是被當作一項教育政策在提倡，因此有其特定的時空背景。至於源自西方的死亡教育，雖然主題明確，卻因多言死少論生，多少令年輕人感到隔閡。而一般意義下的生死教育，既談死也論生，面面俱顧，無所偏廢，值得兩岸教育工作者正視並加以倡導。

　　生死教育主要以生死學爲教學內容。生死學也是「生命教育」的關鍵項目。筆者在臺灣數所大學內經由通識教育的管道，推廣生死教育前後十年，自經驗積累中，歸納建構出生死學的八項主題：

　　・生命系統的瞭解。

- ・生命倫理的探究。
- ・生涯發展的規劃。
- ・生活藝術的提倡。
- ・死亡教育的推廣。
- ・臨終關懷的普及。
- ・悲傷輔導的服務。
- ・殯葬管理的實踐。

　　自2000年初至今，以「生死學」爲名在臺灣出版的大學入門教科書共有四種。其中依照筆者所建構生死教育主題而撰寫的即有兩種（尉遲淦，2000；鈕則誠，2001），另外兩種教科書的內容亦大同小異（林綺雲，2000；呂應鐘，2001）。事實上，筆者的構想早在2000年，即由一位臨終關懷專門醫師引介至大陸，在一場臨終關懷學術研討會上提出（鍾昌宏，2000）。

　　依筆者之見，生死教育主要講授人的生老病死之種種。通過探討人的「生物／心理／社會／倫理／靈性」一體五面向觀點，生死學至少應該屬於生物學、醫學、護理學、心理學、社會學、哲學、宗教學等學科的統整。由如此眾多成熟學科統整形成的新興學科，其建構策略理當先廣博再專精。死亡學在西方主要落在社會科學領域中，生死學在臺灣發展之初是從人文學領域起步的，筆者則建議必須納入自然科學的考察否則不爲功。匯流人類三大知識領域的教學內容，正符合了文化素質教育與通識教育「科技與人文對話、科學與人文結合」的眞諦。

伍、大學生死教育的實踐

一、西方經驗

　　西方國家的大學生死教育，長期圍繞著死亡教育與死亡學開展。不過美國近年所出版一冊甚受歡迎的大學入門教科書，卻名之為《死亡與臨終‧生命與生活》。其中「生命與生活」部分，是依「生命流轉」的人類發展觀點立論的，頗有生死一線牽的意味。

　　西方的死亡教育主要通過三個管道來落實：宗教活動、專業教育、通識教育。宗教信仰助人從容面對死亡，專業教育協助相關的專業人員處理由死亡所衍生的問題，通識教育則希望讓學生建立適當的死亡觀（吳庶深，1999）。以大學通識教育講授的死亡學課程為例，上述教科書的內容包括七個部分：死亡；臨終；哀慟；生命流轉觀點；法律、概念性及道德議題；新的挑戰與機會。在細項上，教材大體介紹了死亡教育、悲傷輔導、臨終關懷、殯葬管理等實務課題，並考察了預立醫囑、器官捐贈、遺體處理，以及自殺、安樂死、愛滋病等新舊議題。這些課題多少仍圍繞著死亡、臨終、哀慟三大核心概念來發揮。

　　在北美地區，死亡學課程並非人人能教，而是要取得授課證照。涵蓋美、加兩國的「死亡教育與輔導協會」即有權核發四類證照：死亡教育教師、哀慟支助人員，悲傷輔導師、悲傷治療師。不過許多相關的通識科目，並不一定以「死亡教育」或「死亡學」為名，有興趣的教師依然擁有廣

闊的發揮空間。例如從哲學觀點去探討醫療倫理決策，或從法律觀點反思安樂死，都可視爲科技與人文的對話、科學與人文的結合。

美國人做學問講究專業分工，但是死亡不止是學問的探究對象，更是人們的切身經驗。同樣是死亡教育，英國人就把它融入在宗教教育中傳授，而宗教教育乃是英國的法定課程。西方文明長期浸淫在宗教氛圍裡，看重死亡的靈性層面雖無可厚非，但在一些東方國家例如中國則非必然。

二、臺灣經驗

臺灣是一個宗教信仰紛雜多樣的地區，但是大多數人嚴格說來根本沒有宗教信仰。年輕人更常以「信仰睡覺」的說法，輕率地回應別人的詢問。然而一旦碰到與死亡相關的事物，許多人又常將之與宗教信仰或怪力亂神混爲一談。這對推廣生死教育不免帶來困擾。因此筆者主張，應將生死教育定位在「科學與人文結合」的科學人文主義立場上。近代一些著名的哲學家和科學家，像馬克思、達爾文、愛因斯坦、佛洛伊德等，都是科學人文主義者。尤其是達爾文與佛洛伊德，更用行動去體現無視宗教、不畏死亡的人本精神（江正文，2001）。

臺灣目前有一百五十一所頒授學位的大學或學院，學生依規定都必須選修八學分通識教育課程。雖然通識教育一開始是從科學與人文相輔相成、互補互利的理想出發，但是近二十年下來，已經演變成各自爲政。綜合大學因爲科系齊

備，開課涵蓋面廣，還可以維持理工與人文互選的局面。學科集中或規模較小的科技大學或學院，就很難滿足上述理想的要求了。所幸生死學近幾年已成通識教育選修課程的熱點，以筆者2001年為空中大學規劃授課的一門電視教學科目「生死學」為例，曾創下一學期全臺灣選修人數達到四千五百人的最高記錄。

生死學的受歡迎反映出生死教育的普及與成功。臺灣到2003年，已先後開創兩處與生死學相關的本科生及碩士生系所。一群志同道合的學者，也在1999年成立名為「中華生死學會」的學術性組織。這一切都只是「生死教育」和「生死學」的提法在臺灣出現十年後的結果。筆者曾為文分析生死學在臺灣普受歡迎的現象，認為這反映出人們對提昇精神生活的期望。與此平行發展的，則是對改善物質生活的努力。而生活水平和生活素質，正是衡量一個社會進步與否的兩大指標（鈕則誠，2001）。

三、大陸經驗

大陸自改革開放至今歷時近四分之一個世紀，人民生活水平的改善已是舉世矚目的成功例證，讓一部分人先富起來更是不爭的歷史經驗。而當人們富裕以後，便會想到提昇生活素質的重要。中國人自古便講究「富而好禮」。「禮者，理也。」生死教育讓我們看見人生的可能性與限度，教導我們反身而誠、有為有守的道理，對全民素質的提昇，相信具有豐富的價值和一定的貢獻。

事實上，大陸的生死教育目前雖不普及，但是專業的教學需要，或是學者的研究興趣，往往會帶動一些學校開授相關課程。一般而言，醫護院校爲了專業教育的需要而講授西方死亡教育課程比較常見。甚至形成規模大而齊備的天津醫科大學臨終關懷研究中心，多次召開國際性或全國性的學術研討會，儼然成爲全國生死教育的重鎮。

　　至於普通高校開授類似通識教育的公共選修課程或文化素質教育課程，首見於1989年武漢大學的「死亡哲學」，其後則有1994年南昌大學的「中國死亡哲學」及1997年的「生死哲學」（鄭曉江，2000）。授課教師後來將講義寫成著作，讓廣大人民群眾有機會通過自學接受生死教育（段德智，1991；鄭曉江，1999a、1999b）。而坊間一些相關著述，也對此做出不少貢獻（林和生，2000；邱仁宗，1987；南川、黃炎平，2001；袁陽，1996；郭于華，1992；靳鳳林，1999；翟書濤，2001）。

　　大陸高校學生樂於選修與生死教育相關的課程，部分原因是改革開放造成人民生活水平提高，從而逐漸對與生活素質息息相關的生死問題產生興趣（鄭曉江，2000）。這與臺灣的情形多少有些類似。海峽兩岸人民富足以後，便開始愛生惜福，關心起生死問題來了，這無寧是一種進步的象徵。生死教育先在學校中推廣，再向內、向外擴散到家庭教育和社會教育上面去，讓國民體認「有爲有守」的道理，對整個社會起到「化戾氣致祥和」的作用，當然就有助於全民素質的提昇了。

陸、結　語

　　生死教育主要在推廣生死學。孔子曾說：「未知生，焉知死。」生死學則指出：「未知死，焉知生。」俗話常說：「活到老，學到老。」生死學則強調：「學到老，活到老。」身為二十一世紀的人類，若不終身學習，則將無以為繼。大學生是未來世界的棟樑，這一群讀書人常自稱為「高等知識分子」。我們不禁要問：「讀聖賢書，所學何事？」而知識份子必須擁有獨立思考判斷的能力且要知行合一，我們更關心中國青年是否真能達到這種要求？近年海峽兩岸不約而同地推動教育改革，從幼兒園到博士班的學校教育，都出現了覆天蓋地的大變化。身為高校教師的我們理當自問，如何在其間做出貢獻？

　　筆者任教大學近二十年，正好是臺灣各大學全面施行通識教育的時期，而筆者也始終自認是在從事通識教育。效法美國和香港的臺灣通識教育，與大陸有中國特色的文化素質教育深具類似之處。尤其是在「科技與人文對話、科學與人文結合」這一點上，更是彼此呼應，值得進一步交流切磋。本篇論文嘗試引介，在臺灣已成大學通識教育熱點的生死教育，做為大陸文化素質教育的一個新課題、一種新方向。

　　「生死教育」是一個廣義的概念，不一定要教「生死學」。其他如「生死哲學」、「人生科學」、「生命倫理學」，以及涉及人類生老病死的心理社會、歷史文化、文學藝術、宗教禮儀等課題，都可以由相關系所的教師授課。由於生死

教育的眞諦是「通過科學與人文結合的學習，達到了生脫死的境地」，因此授課內容多屬學科的統整，不妨採用多人協同教學的方式，且必須加上體驗課程，以期全方位地涵蓋。

　　古人相信讀書可以變化氣質，大體是正確的看法。筆者則認爲讀書若能活學活用，不但可以變化個人氣質，更能提昇全民素質。相信這正是素質教育與通識教育的最終目的。

參考文獻

王啓義（1996）。〈有關教授應用倫理學的省思：教學目標與教師的道德立場〉。《通識教育季刊》，3（2），83－95。

四川大學主編（2002）。《世紀名校——四川大學》。成都：四川大學。

江正文（譯）（2001）。《達爾文的蚯蚓——亞當‧菲立普論生與死》（Adam Phillips著）。臺北：究竟。

吳庶深（1999）。〈當前死亡教育發展方向之探討〉。《安寧照顧會訊》，32，12－16。

吳庶深（2002）。〈生死教育的回顧與展望〉。載於林綺雲等主編，《生死教育與輔導》（頁3－16）。臺北：洪葉。

呂應鐘（2001）。《現代生死學》。臺北：新文京。

宋秋蓉（2000）。〈大學素質教育與大學教育的學術性〉。《高等教育研究》，三月號，網路版。

宋惠昌主編（1992）。《中國特色社會主義的理論與實踐

　　——「十二條原則」研究》。北京：中央黨校。

李玉華（2001）。《大學生素質論》。西安：交通大學。

肖　峰等（譯）（1998）。《21世紀的人道主義》（Paul
　　Kurtz編）。北京：東方。

林志成、劉藍玉（合譯）（2000）。《兩種文化》（Charles
　　Percy Snow著）。臺北：貓頭鷹。

林和生（譯）（2000）。《拒斥死亡》（Ernest Becker著）。
　　北京：華夏。

林綺雲等（2000）。《生死學》。臺北：洪葉。

邱仁宗（1987）。《生死之間——道德難題與生命倫理》。上
　　海：上海人民。

金耀基（1983）。《大學之理念》。臺北：時報文化。

俞恭慶（2000）。〈學習鄧小平教育觀，把握成人教育的本
　　質和意義〉。載於董明傳主編，《面向21世紀我的教育
　　觀——成人教育卷》（頁391－423）。廣州：廣東教
　　育。

南　川、黃炎平（合譯）（2001）。《與名家一起體驗死》
　　（Sandra Wilcox & Marilyn Sutton合著）。北京：光明
　　日報。

柳　斌（2001）。〈以鄧小平教育理論為指導，扎扎實實推
　　進素質教育〉。載於陸炳炎、王建磐主編，《素質教育
　　——教育的理想與目標》（頁1－8）。上海：華東師大。

段德智（1991）。《死亡哲學》。武漢：湖北人民。

秦一嵐（2001）。〈高中德育課程非學科類學分制管理的探
　　索實踐〉。載於汪塋主編，《素質教育實踐與研究》（頁
　　195－210）。上海：華東師大。

袁　陽（1996）。《生死事大》。北京：東方。

尉遲淦等（2000）。《生死學概論》。臺北：五南。

張淑美（1996）。《死亡學與死亡教育——國中生之死亡概
念、死亡態度、死亡教育態度及其相關因素之研究》。
高雄：復文。

張淑美（主編）（2001）。《中學「生命教育」手冊——以生
死教育爲取向》。臺北：心理。

張楚廷（2000）。〈素質——教育的沉思〉。《高等教育研
究》，二月號，網路版。

郭于華（1992）。《死的困擾與生的執著》。北京：人民大
學。

陳伯璋（2001）。《新世紀課程改革的省思與挑戰》。臺
北：師大書苑。

陳恆六、劉　兵（譯）（1987）。《對科學的傲慢與偏見——
查·帕·斯諾演講集》（Charles Percy Snow著）。成
都：四川人民。

傅偉勳（1993）。《死亡的尊嚴與生命的尊嚴——從臨終精
神醫學到現代生死學》。臺北：正中。

鈕則誠（2001）。〈從生命教育看「生死學」〉。《空大學
訊》，278，156－160。

鈕則誠等（2001）。《生死學》。臺北：空中大學。

黃天中（1988）。《臨終關懷：理論與發展》。臺北：業
強。

黃松元（1993）。《健康促進與健康教育》。臺北：師大書
苑。

黃　籐（2001）。〈關於民辦大學素質教育問題的思考〉。

《中國高教研究》，10，網路版。

楊愛華等（譯）（1992）。《科學革命史：對科學中發生革命的歷史思考》（I. Bernard Cohen著）。北京：軍事科學。

董樂山（譯）（1998）。《西方人文主義傳統》（Alan Bullock著）。北京：三聯。

靳鳳林（1999）。《窺視生死線——中國死亡文化研究》。北京：民族大學。

翟書濤（2001）。《選擇死亡——自殺現象及自殺心理透視》。北京：北京。

劉源俊（2001）。〈論大學的素質教育〉。《2001海峽兩岸素質教育與創新人才培養研討會論文集》。天津：天津大學。

鄭曉江（1999a）。《善死與善終——中國人的死亡觀》。昆明：雲南人民。

鄭曉江（1999b）。《穿透人生》。上海：三聯。

鄭曉江（2000）。〈中國死亡教育的新進展及沉思〉。《中國心理衛生雜誌》，14（3），113－115。

鄧志松（2000）。〈美國大學通識教育近年的變革：參考與借鏡〉。《中大社會文化學報》，11，141－168。

鍾昌宏（2000）。〈新世紀臨終關懷展望〉。《中國心理衛生雜誌》，14（3），4。

鍾啓泉（2001）。《學科教學論基礎》。上海：華東師大。

龔放（1997）。〈現代大學通識教育之由來、使命與形式〉。《教育研究資訊》，5（6），52－63。

從生命倫理到生命教育
——以安寧緩和療護爲例

● ●

壹、引 言

安寧緩和療護（hospice and palliative care）是一個複合概念，可以拆解爲安寧照護（hospice care）與緩和醫療（palliative care）兩組概念來討論，而二者的連繫關係也值得探究。本篇論文首先通過概念分析來追溯兩組概念的源始與意涵，再尋索結合二者的動力（dynamics）與張力（tension）。安寧緩和療護的形成，涉及醫療與護理兩門專業間的知識——權力流動，需要放在更大的框架中考察。而其背後的信念系統，更體現出從治療（cure）到照顧（care）的典範轉移（paradigm shift）。

安寧緩和療護的對象設定爲末期患者（terminal patient），所提供的服務爲臨終關懷（end-of-life care），此種特性再再顯示關懷對象行將「不治」，理當捨棄無謂的醫療改採親切的照護，助其平安走完人生旅程。依照傳統的醫護分工來看，這無疑是護理的使命（calling）。然而末期患者尚有身體徵候必須克服，乃見醫療行爲的介入。緩解病患疼痛的作法既以「緩和醫療」爲名，人們便以醫療活動視之，進而以此定位整個臨終關懷歷程。

中文「臨終關懷」的提法始自大陸（黃天中，1988；孟憲武，2002），意義與「安寧緩和療護」相同，但在臺灣是取其廣義而使用，包含專業以外的服務。倘若臨終關懷或安寧緩和療護屬於醫療專業活動的一部分，則其中醫病關係勢必要納入醫學倫理（medical ethics）加以規範。令人不解的是，現代化的安寧緩和療護發展至今近四十年，幾乎與現代化的醫學倫理同步成長，二者卻鮮少出現交集。醫學倫理關心墮胎、安樂死、自殺等生死議題，卻對臨終關懷不聞不問，彷彿事不關己。這是否意味主流醫學並未完全接納緩和醫療？而安寧緩和療護是否因此得以找到發揮空間，進而樹立自身的主體性（subjectivity）？這些都將是本篇論文從事考察的重點。

貳、概念分析

一、安寧照護

　　眾所周知，現代化安寧緩和療護是以一種醫療改革運動形式出現，Stoddard（1992）曾以生動的筆觸記錄下它的發展過程。安寧運動（the hospice movement）肇始於一九六〇年代後期的英國，常被提及的里程碑，即是由護士轉行爲醫師的Cicely Saunders於1967年在倫敦郊外所創立的聖克里斯多福安寧院（St. Christopher's Hospice）。這所安寧院秉持著歐洲歷久悠久的傳統安寧院作法，爲臨終病人提供帶有宗教情操的善終服務。不同於傳統機構的是，它是

一所具有現代醫護設施的安寧機構，但卻不是醫院。安寧院與醫院最大差別即在於後者的任務著重治癒（curing）病人，前者卻針對無法治癒的（incurable）病人而設。不過這種分化並非自古皆然，而是現代社會專業分工下的產物（Phipps, 1988）。

隨著生物醫療科技的進步，醫院診治病人的功能在二十世紀大為彰顯，許多棘手的流行病和慢性病逐漸有藥可救，人們的壽命也開始表現其應有水平。一旦平均壽命提高，另外一些棘手的疾病便展示出重大殺傷力，例如癌症。在過去半世紀間，各式各樣的癌症始終是人類最主要的殺手。癌症由於病變的細胞不斷增生，破壞正常細胞、組織和器官的功能，使得病人在生命末期面臨極大的痛苦繼而去世，進步的醫療技術對此經常顯得無能為力。事實上，Saunders發心推動安寧運動，正是基於她在擔任護士期間，受到一名痛不欲生的癌末病患遺志所託，希望她能找到一種讓病人尊嚴離世的方法。Saunders花了十九年的時間全力以赴，終於不負所託，促成世界上第一所現代化安寧院的誕生。值得注意的是，Saunders為了實現人道理想，像她的前輩史懷哲一樣，三十出頭才改行學醫，多年苦讀後懸壺濟世，再以醫師身分登高一呼，凝聚資源，從而引起世人重視。

由護士轉行為醫師的Saunders發現，要化解的除了病人身體上的疼痛外，還包括害怕疼痛的心理焦慮。於是她發展出一套雙管齊下的療護策略：一方面施以緩解疼痛的治療，一方面採行人性化照護並支援其家屬，這便是現代化安

寧運動的主軸（Gilmore, 1989）。這種作法與傳統安寧院僅提供宗教性慰藉卻不予醫療措施的情形有所差別，也因此形成自一九八〇年代後期起，「緩和醫療」的概念應運而生，一度甚至有取代「安寧照護」說法之勢。

二、緩和醫療

緩和醫療顧名思義是以緩解病徵做為醫療的目的，與此相對的概念則是「侵入性醫療」（aggressive medicine），後者會造成臨終病人減少尊嚴和增加痛苦（Kastenbaum, 1989）。緩和醫療在醫療界內，被視為從事疼痛控制和徵候管理的工作。相形之下，安寧緩和療護的範圍則較此大得多，除關注身體病痛外，尚強調心理和靈性支援。當安寧運動興起後，有將近二十年時間屬於「安寧照護」一辭當道。但是這個名稱自1974年引進美國，始終被諱言死亡的美國人認為太消極（depressing），遂出現改名為「緩和醫療」的運動（Mann & Welk, 1997）。正名運動於1986年受到世界衛生組織出版品的鼓舞，終於讓「緩和醫療」一辭後來居上。世衛組織在一冊廣泛翻譯流傳的專書《解除癌症疼痛》（*Cancer Pain Relief*）中，將癌症控制分為預防、早期偵測與治療，以及解除疼痛與緩和醫療三階段，「緩和醫療」便以官方說法而為世人所接受（Twycross, 1998）。

雖然後來英美醫學學者傾向將緩和醫療與安寧照護視為同義辭來使用，但是護理學者卻主張正本清源。緩和醫療因為使用止痛劑或抑吐劑把病徵抑制住，畢竟屬於醫療行為，

而安寧照護所看重的整體性（holistic）或全人照護（whole person care）仍有其獨到的功能與價值。護理學者因此倡議使用「安寧緩和療護」此一複合概念，以示對身、心、靈的療護無所偏廢（Mann & Welk, 1997）。

為了擺脫緩和醫療予人窄化的印象，加拿大學者嘗試分辨出緩和醫療概念在過去四十年間的意義變化，發現它已經從單純的控制病徵，發展成特定的醫學專科（楊克平，2003a）。既然「緩和醫學」（palliative medicine）已經應運而生，就有相對應的醫學倫理議題以待考察。本篇論文寫作的目的，即在於探索這些議題的來龍去脈。從倫理面考察，則緩和醫學的定義其實涵蓋安寧照護在內（賴允亮、蔡麗雲，2002）。如此說來，採用「安寧緩和療護」一辭既有包容性，又能反映出概念發展的歷史社會脈絡，較適用於醫學界以外的討論。因此我們主張以緩和醫療搭配安寧照護，共同形成安寧緩和療護專業，再與包括宗教或人本關懷在內的臨終關懷，統整為安寧緩和療護團隊。安寧緩和療護團隊在此必須揚棄專業主義，走向真正的全人、全家、全隊、全區、全程之五全照顧。

貳、批判思考

一、名相之爭

安寧緩和療護是針對藥石無效病人的另類處置，它既不打算縮短生命，也不希望延緩死亡：它的根本目的是使臨終

病人在生命最後旅程中活得充實、死得安寧（Lynn, Koshuta, & Schmitz, 1995）。安寧緩和療護追求沒有痛苦的自然死，這與一般人所嚮往的「無疾而終，壽終正寢」理想境界不謀而合。但是一個人果眞是無疾而終，安寧大去，又何需緩和醫療？事實上安寧緩和療護主要是運用在某些特定疾患身上，例如癌症或愛滋病末期患者。這些病症治癒機會不高，大多數患者都將帶者病痛離開人世，安寧緩和療護的任務，主要還是爲受苦的患者平安送終。緩和醫療只是手段，安寧照護才是目的。

　　安寧院（hospice）、醫院（hospital）、旅店（hotel）等字彙在其西方文字的根源上，皆有仁慈、親切地招待陌生人之意。近代以前，安寧院與醫院甚至長期爲同義詞（楊克平，2003b）。但是上個世紀卻出現醫院獨大的局面，直到六〇年代後期Saunders重振安寧院的功能與名聲，賦予其臨終關懷的意義，安寧院才重新爲社會大眾所認識。無奈二十世紀是一個講究專業分工的時代，當醫院被刻板地認定爲救治病人的場所，安寧院則被偏差地視爲讓病人「等死」的所在。一旦貼上標籤，安寧院及其所推廣的安寧照護至少在諱言死亡的美國便失去了吸引力，爲此貢獻的專業人士只好轉而談論緩和醫療。

　　主流醫學界當然希望以專業化的緩和醫療涵蓋安寧照護的一切，然而一旦跳出醫學觀點來看，緩和醫療充其量只是在善盡人事而已。臨終病人的結果終究必須聽天由命，而安寧照護正是在一旁從事「幽谷伴行」的努力（趙可式，

2001）。不過話說回來，安寧照護做爲一種善終服務，首要考量還是必須爲社會大眾所接受，徒勞於名相之爭實屬不智之舉。當然悠久的歷史傳統也不應輕易拱手讓人，因此持平的中庸之道乃是使用「安寧緩和療護」此一複合概念，以包容安寧照護與緩和醫療兩重意義在內。採用這種協調下的複合概念尚有一例證，即是美國學界於一九五〇年代試圖用中性的「行爲科學」一辭取代可能被誤認偏向社會主義的「社會科學」一辭，發展至今則常見「行爲社會科學」的提法，以示二者兼容並蓄。

二、權力之爭

　　如果安寧照護與緩和醫療只有名相之爭，實在無需大張旗鼓加以釐清，然而事情並非如表面那般單純。往深一層看，安寧緩和療護內部還包含一場權力之爭，亦即一個半世紀以來不斷發生的醫療與護理之間的權力消長。這可以從現代安寧運動推手Saunders的經歷看出端倪。她之所以棄護理改行習醫，多少是爲擺脫人微言輕的窘境。而臺灣過去慣常使用的「安寧照顧」一辭，也曾經被由醫師主導的最高衛生部門改名爲「安寧療護」，以示醫療掛帥、護理伴隨之意。平心而論，醫療講究治癒病人，護理強調照顧患者，彼此分工，相輔相成，原本不會衝突。偏偏臨終病人已無法治癒，醫療卻不願放手，使得病人陷入求生不得、求死不能的困境，痛苦地苟延殘喘。正是爲擺脫此種不人道的醫療措施，安寧運動乃應運而生。

擁有悠久西方宗教傳統的英國，仍舊存在著自古以來慈悲為懷的安寧院，而這個國家也正是現代護理學的誕生地。南丁格爾以其偉大的宗教情操建立起護理專業，後繼者花了一個半世紀的努力，把護理學建構成與醫學相輔相成的專業知識。雖然兩種專業不見得能夠平起平坐，但是相互尊重卻是起碼的條件。可惜在醫院體制內，醫師的權力始終凌駕於護理人員之上，形成長期宰制的局面（Mackay, 1993）。既然在醫院中無法得到平等對待，護理人員乃設法到醫院之外尋求自主空間，以照護老年慢性病人為主的護理之家即是一例。而Saunders在醫院之外所設置的安寧院，以收容臨終病人為主，原本可以成為極佳的護理工作園地。無奈因為牽涉到醫療行為和保險給付等問題，安寧院在英國以外幾乎無以為繼。許多國家或地區例如臺灣，安寧照護主要還是放在醫院病房中進行，結果問題又回到原點。

安寧緩和療護的意義當然不必局限在設置安寧院一事上，它主要指的還是一套照顧哲學（Corr, Nabe, & Corr, 2003），不過實踐場域仍然有可能影響這套哲學的運作。一般而言，病人不住安寧院而以居家照護方式為之，五全照顧仍然可以落實。但是住在醫院中的安寧病房，就必須具備抗拒侵入性醫療的決心。依筆者的經驗，專科醫師大多不贊成緩和醫療，更不會鼓勵病患及家屬尋求安寧緩和療護。此時護理人員應該看情形挺身而出，協助病家作成最佳決策，畢竟善終才是符合病患利益的決定。

參、意義詮釋

一、醫學倫理

安寧緩和療護至今已是一個逐漸被醫療和護理界所共同接納的概念，雖然它不時面臨被簡化爲緩和醫療的企圖，但是我們認爲安寧照護的部分不可或缺，且需居於主導地位，而讓緩和醫療成爲輔助手段。試想一種缺乏安寧理想的緩和醫療，那只不過是掩飾主流醫學無能爲力的作法罷了。正是安寧照護使得緩和醫療具有正當性，這已經屬於醫學倫理必須加以規範的問題。令人吃驚的是，幾乎所有醫學倫理著作，都不曾對緩和醫療有所著墨，更不用提安寧照護了。就以一九九〇年代曾出版過著名緩和醫學教科書（Doyle, Geoffrey, & MacDonald, 1998）的牛津大學出版社來說，他們在一種流傳廣泛、非常實用的醫學倫理教科書（Campbell, Gillett, & Jones, 2001）三版內，多方討論安樂死和自殺議題，卻對緩和醫學隻字未提，而英國其實早在1988年即已將緩和醫學列入醫學專科中。

醫學倫理著述的作者不是醫師便是哲學家，或者身兼二者。他們不談或少談緩和醫療的理由值得探討，本篇論文不擬在此深究，轉而呼籲今後醫學倫理應當加入緩和醫療方面的論述，由此擴充醫學哲學的意義。醫學哲學包含醫學倫理學在內，是一種對醫學本質的哲學考察（Engelhardt & Wildes, 1995）。我們希望看見醫學學者能夠正視死亡議題，因爲醫學關心人類的生、老、病，卻不情願面對讓醫學

劃下句點的死。一旦醫學和生死學（thanatology）產生交集，緩和醫療的眞諦便得以彰顯，從而能夠充分融會貫通於安寧照護的悠久傳統和人道理想中。

　　筆者無意忽略緩和醫療的專業化技術面向，不過從大處著眼，緩和醫療畢竟意味患者已病入膏肓，無藥可救，再多的努力也只是善盡人事而已。它的作用必須依附於安寧照護之上方能發揚光大。相信這是頭一回有可能讓醫療必須爲護理服務。平心而論，以當事人爲中心的五全照顧，如果需要專業人員擔任協調工作，那麼從事全人照護的護理人員肯定較醫師更合適。有責任感的醫學倫理論述必須把這套觀念教給醫師們，讓他們深明大義，願意配合「護囑」行事。而護理人員也應該趁此時機擺脫劃地自限、妄自菲薄的窠臼，勇敢挺立於安寧團隊中，接下協調者的重責大任，將醫療、法律、輔導、社工、倫理、宗教等方面的專業人員，納入整體人力資源加以妥善地管理與運用。

二、生命倫理

　　狹義的醫學倫理學是從醫德學（medical morality）衍生出來的倫理規範，屬於專業倫理學（professional ethics）的一環，它們慣常從專業角度反思其中的倫理問題。如此雖然有其獨到見解，但可能產生見樹不見林的弊病。改善之道即是擴充醫學倫理學的內涵，使其成爲生命倫理學（bioethics）的一個構面（dimension），搭配護理倫理學（nursing ethics）探究，共謀改善醫病關係、護病關係，以

及醫護關係。生命倫理學屬於應用倫理學（applied ethics）的一支，是用哲學角度批判專業發展所形成的倫理困境，足以爲專業人員帶來見樹也見林的效果。

以安寧緩和療護爲例，醫學倫理學站在醫學角度看，可能會認爲醫師既然盡了力，病人卻無藥可救，醫病關係應該適可而止，轉而去幫助其他等待救治的病人。有些醫師或許會考慮讓病人安樂死，但是除非醫師個人具有強烈的宗教信仰或人本關懷，否則不致建議病人選擇安寧緩和療護。一般醫學倫理喜談安樂死卻不論安寧死，大概跟醫師自認已經盡了人事的心理有關。但是護理倫理卻不作此想。過去護理倫理追隨醫學倫理的道路，著眼於護理道德，其中很重要一項便是遵從醫囑，護士必須忠於醫師（Winslow, 1987）。此種心態延續了近百年，直到上世紀中葉，護理界力爭上游，試圖擺脫醫學的霸權主義和家長作風，終於在知識上開拓出一方勝景，樹立起自家學問的主體性。當護理倫理拈出「關懷／照護」的核心概念以標幟出與醫療專業的區隔，安寧照護以至更廣泛的臨終關懷，便出現在焦點之上。

然而護理工作終究還是與醫療工作息息相關，在醫療力量強勢主導的衛生保健專業體制內，護理人員不可能自外其中。權宜之計乃是一方面尋求與其他專業群體互利共榮之道，尤其是面對醫界人士必須表現得不卑不亢；另一方面則是尋求體制內改革，通過生死教育，讓整個專業共同體瞭解死亡（death）並正視臨終（dying）情境下生命（life）的意義和生活（living）的可能。死亡的不可避免無疑造成醫

療的挫折，但是讓病人死得平穩、死得有尊嚴，至少是醫護人員可以攜手共同完成的神聖使命。生死教育不一定要單獨開課，它可以秉持生命倫理學的批判和應用精神，融入專業性的醫學倫理和護理倫理論述中，至少將倡導自然死亡的安寧緩和療護與安樂死的主張相提並論。此外像安頓家屬心靈的悲傷輔導也是生死教育重要課題，醫護人員不可不知。

肆、綜合討論

一、人文教育

　　本篇論文寫作的主旨，與其說在提倡安寧緩和療護，不如說是通過對安寧緩和療護的概念分析、批判思考與意義詮釋，凸顯在現行的醫學教育內未見以生死教育為核心的生命教育之事實。此一事實可能導致醫師在其後的專業實踐中，缺乏對臨終病人提供另類處理的認知。醫師的天職是救人，專業的要求是盡一切可能把病人救活，於是各種急救設施和加護中心不斷推陳出新。這些醫療先進技術固然對大多數危機處理有所助益，但是對諸如癌末病人而言，則意味痛苦和災難。「盡人事，聽天命」的道理是一種價值判斷，不見得可以從專業訓練中直接導出，它主要是人本關懷的反映。人本關懷的培養可以經由人文教育加以落實，生死教育取向的生命教育，正是醫學專業訓練中不可或缺的人文教育。

　　當前臺灣許多護理科系皆開授有生死學相關課程，甚至有護理學院設立生死教育與輔導研究所。但是根據筆者的經

驗，有醫師打算投考此類研究所，或者只是討論生死議題，皆被同儕視爲不夠專業的表現。例外情形有時會出現在具備堅定宗教信仰的醫師群身上，像臺灣三大以安寧緩和療護爲主旨的基金會及與其密切互動的醫院，分別由佛教、天主教和基督教團體所設立即是例證。不過個人的宗教信仰畢竟不能取代普及的人文教育。目前臺灣雖有醫學大學提倡醫學人文教育（蔡篤堅等，2001），但其內容對生命教育而言仍嫌不足。改善之道乃是將人文教育分門別類，無所偏廢，同時將生命教育列爲必須加以引介的基本門類。

醫學人文教育與護理人文教育屬於「科技與人文對話」具體作法的落實，臺灣各大專醫護科系中雖不乏醫學倫理或護理倫理課程，但是一如前述，這些課程多半是從專業角度反思倫理問題，而非從人文觀點批判科技問題；後者可以通過將專業倫理擴充爲應用倫理課程，相輔相成地探討與講授。依筆者之見，醫護院校倘若能夠秉持科技與人文對話的精神，將傳統醫學倫理或護理倫理課程納入更多元的生命倫理探究，通過人文性哲學批判，或能對專業改革有所助益。像安寧緩和療護所蘊涵的眞諦，即是照護哲學而非醫療哲學。醫療行爲於此除了減緩病人疼痛之外，完全沒有治療效果。這時醫師必須對個人行醫信念進行典範轉移，承認此刻是照護凌駕醫療之上，尊重護理專業，並樂於與之配合。

二、生命教育

本篇論文的觀點容或有些基進（radical），但是目的卻

是提出呼籲，希望向直接涉及人類生老病死的醫護人員，推廣以生死教育為核心的生命教育。衛生保健是民生必需的專業，也是作功德的行業，光是這點，社會大眾就值得向醫護人員致敬。現代醫療科技日新月異，使得執行醫術的醫師備受尊重。但是現代醫療科技的成功，其背後對於森羅萬象以及人類的基本假設，卻是基於十七世紀笛卡兒的身心二元論和牛頓的宇宙機械論。這套哲學性假說，把包括人類在內的各種生物有機體視為一臺臺精密操作的機器，由萬能的上帝設計並加以支配，而人們的心靈感受則屬於不相干的平行事件。一旦醫學採用這種觀點看待每一具生病的身體，無疑就會盡力去「修理」損壞的機器；而當機器被視為沒有修復的可能，醫師就轉而關心其他的待修對象了。這種心態固然無可厚非但亦有所不足，尤其是當一個人無法完全「修復」而必須面臨「報廢」的命運時，他其實是有所感知的。

臨終病人的身心需求長期被忽視，安寧緩和療護正是針對這種需求而發。起源於英國的改革運動一開始是在醫院之外獨立設置安寧院，以示專業分工。後來因為國情不同和經濟條件差異，安寧緩和療護在其他國家地區不是回歸醫院便是走向居家照護，連英國本身的情形也受到影響。經歷三十餘年的實踐積累，如今它已被主流醫療體察其價值，但並未被全盤認可。一個主要原因為病人接受緩和醫療的時機（timing）難以判定，畢竟醫師是不願輕易放棄治療病人的。事實上安寧緩和療護主要還是運用在一些預後不佳的病人身上，像癌末及愛滋病人；而癌症幾乎占去所有因病死亡

人數的四分之一，的確不應無視其痛苦。

　　讓醫師以及長期追隨醫師價值觀的護士，認清死亡和臨終的事實和意義，需對這些專業人員施以生死教育，而生死教育在臺灣的官方說法乃是生命教育。生命教育目前已經於各級學校普及推廣，卻並未對醫護專業教育提供特別的課程內容設計。筆者對此已撰成一冊十六萬字的專書《醫護生死學》（鈕則誠，2003），其中有兩章專論臨終病人照護和安寧緩和療護，應屬推動醫護專業人員生命教育的努力。總而言之，生命教育的努力，乃是自人本關懷和人文精神出發，去尋求與科學技術對話，目的則是希望改善科技發展所帶來的倫理困境。「御物而不御於物」正是人本科技的真諦。

參考文獻

孟憲武（2002）。《臨終關懷》。天津：天津科學技術。

鈕則誠（2003）。《醫護生死學》。臺北：華杏。

黃天中（1988）。《臨終關懷：理論與發展》。臺北：業強。

楊克平（2003a）。〈緩和療護意義之變化史〉。載於楊克平主編，《安寧與緩和療護學》（二版）（頁11－20）。臺北：偉華。

楊克平（2003b）。〈安寧與緩和療護之源起與發展〉。載於楊克平主編，《安寧與緩和療護學》（二版）（頁39－50）。臺北：偉華。

趙可式（2001）。〈臨終關懷〉。載於鈕則誠主編，《生死

學》（頁153－184）。臺北：空中大學。

蔡篤堅、林慶豐、李玉春、呂佳蓁、張美陵（2001）。《實踐醫學人文的可能》。臺北：唐山。

賴允亮、蔡麗雲（2002）。〈緒論〉。載於顧乃平、蔡麗雲、賴允亮總校閱，《安寧緩和護理學》（頁3－29）。臺中：華格那。

Campbell, A., Gillett, G., & Jones, G. (2001). *Medical ethics* (3rd ed.). Oxford: Oxford University Press.

Corr, C. A., Nabe, C. M., & Corr, D. M. (2003). *Death and dying, life and living* (4th ed.). Belmont, California: Wadsworth.

Doyle, D., Geoffrey, W. C., & MacDonald, N. (Eds.) (1998). *Oxford textbook of palliative medicine* (2nd ed.). Oxford: Oxford University Press.

Engelhardt, H. T., Jr., & Wildes, K. W. (1995). Philosophy of medicine. In W. T. Reich (Ed.), *Encyclopedia of bioethics* (rev. ed.) (pp.1680-1684). New York: Simon & Schuster Macmillan.

Gilmore, A. J. J. (1989). Hospice development in the United Kingdom. In R. Kastenbaum & B. Kastenbaum (Eds.), *Encyclopedia of death* (pp.149-152). Phoenix, Arizona: Oryx.

Kastenbaum, R. (1989). Hospice: Philosophy and practice. In R. Kastenbaum & B. Kastenbaum (Eds.),

Encyclopedia of death (pp. 143-147). Phoenix, Arizona: Oryx.

Lynn, J., Koshuta, M., & Schmitz, P. (1995). Hospice and end-of-life care. In W. T. Reich (Ed.), *Encyclopedia of bioethics* (rev. ed.) (pp.1157-1160). New York: Simon & Schuster Macmillan.

Mackay, L. (1993). *Conflicts in care: Medicine and nursing.* London: Chapman & Hall.

Mann, S. M., & Welk, T. A. (1997). Hospice and / or palliative care? *The American Journal of Hospice & Palliative Care, 14*(6), 314-315.

Phipps, W. E. (1988). The origin of hospices / hospitals. *Death Studies, 12,* 91-99.

Stoddard, S. (1992). *The hospice movement: Updated and expanded. A better way of caring for the dying.* New York: Vintage.

Twycross, R. (1998). Palliative care. In R. Chadwick (Ed.), *Encyclopedia of applied ethics (vol.3)* (pp.419-433). San Diego: Academic.

Winslow, G. R. (1987). From loyalty to advocacy: A new metaphor for nursing. In B. A. Brody & H. T. Engelhardt, Jr. (Eds.), *Bioethics: Reading & cases* (pp.74-84). Englewood Cliffs, New Jersey: Prentice-Hall.

殯葬教育的基礎建構
——殯葬科學與殯葬管理

※※※※※※※※※※※※※※※※※※※※※※※※※※※※

壹、引 言

　　殯葬是一種人類特有的文化活動，自遠古流傳至今從未間斷。從另一方面看，它也是一門傳統的行業，人人都用得著它。雖然殯葬活動遍及全球，但是各處的活動並非完全無礙而相互融通的。換言之，殯葬活動有其文化性、社會性、區域性和局限性。從這個角度看，對殯葬活動的學理探究和教育實踐，無疑落在人文科學與社會科學的範疇裡。

　　本篇以概念性論文形式撰寫，嘗試通過對臺灣殯葬活動發展現況的考察，以建構適於華人社會的殯葬教育理論與實務。在理論方面，係循著人做為「生物／心理／社會／倫理／靈性」一體五面向的存有而加以析論，以介紹各層面與殯葬相關的議題，從而形成殯葬科學。在實務方面，則從殯葬科學引申至殯葬管理，考察公部門的公共行政管理和私部門的企業經濟管理，以呈現它做為一門民生必需行業的社會服務功能。

貳、殯葬科學：生物層面的考察

一、生命終止

殯葬的前提乃是人的去世。所謂「安排後事」，即表示對一個人的遺體進行處理。雖然後事常常牽連著宗教儀式，屬於靈性層面的活動。但追根究柢，在最基本的層面上，還是源自身體功能的全然喪失，看不見任何生命跡象，亦即生物體的死亡（廖又生，2001）。因此與殯葬直接相關的第一件事，便是宣判一個人的死亡。而我們首先應瞭解的課題，正是死亡的定義。

一般常識性的死亡判定，主要為測試心跳、脈搏以及呼吸功能是否存在。如果循環與呼吸功能永久喪失，則意味死亡的到來。但是如此的死亡判定，卻因為心臟移植手術的成功，以及心肺機的發明與使用而出現爭議。這也就是說，醫療科技的進步，導致對死亡判定要求得更精確，死亡的定義因而有所改變。

二十世紀下半葉逐漸發展出來的死亡判準，是根據大腦功能的永遠喪失，它包括：沒有感受及反應能力、沒有行動或呼吸、沒有反射動作、腦波呈水平狀等四項條件（胡文郁，2001）。但是以腦死做為死亡的定義，並非放諸四海皆準。至少日本在一九九〇年代中期以前，並不接受腦死判準。受到文化習俗的影響，日本人認為生命的寶座不在腦部而在腹部。他們過去既不談腦也不談心，而是推崇與強調內臟的重要。

生物生命的喪失，必須作成死亡宣判才算合法。如今法律上的死亡認定，取決於醫療專業方面的認定，死亡遂成為醫學問題，連遺體處理也不例行。

二、遺體處理

人死後遺體的處理，大致上可分為醫療專業處理和殯葬專業處理兩方面。醫療專業處理包括驗屍、器官移植、遺體捐贈等，殯葬專業處理則包括防腐、土葬、火葬等。

在遺體的醫療專業處理方面，驗屍並非必要的活動，但卻是有益的活動。驗屍分為行政相驗與司法相驗兩種，後者多用於死因有疑慮的遺體，目前臺灣的驗屍率不超過百分之十五。然而驗屍對醫學最直接的貢獻，便是使臨床診斷得以確定，或是修正得更精確。換言之，驗屍可以視為最終的診斷。

至於器官移植和遺體捐贈，更是有益於醫學發展的作法。器官移植來自器官自願捐贈制度，由政府或民間公益團體宣導提倡。器官販賣因此被排除禁止。而捐贈遺體做為醫學教育的解剖標本材料，則是值得鼓勵的公益善行。

在遺體的殯葬專業處理方面，臺灣不流行防腐技術，卻重視遺體美容，使得從事此行的專業人員成為稀有人才（陳姿吟，2002）。遺體美容可分為一般美容和修補美容兩種，後者係針對嚴重「破相」的遺體而設。這類遺體通常死於意外或非自然原因，死因也較易引起疑慮。如果疑慮未能充分釐清，是不允許火化而只能土葬的。

防腐技術雖然在臺灣未受重視，但它卻是全球殯葬教育的嚆矢。十九世紀中美國發生南北內戰，爲妥善料理戰士遺體，竟帶動防腐用的死亡化學快速發展，進而成立一所防腐學校，這便是今日辛辛那提殯葬學院的前身。1986年起，該校已開始頒發學士學位，而其課程則相當看重生命科學（邱麗芬，2002）。

參、殯葬科學：心理層面的考察

一、死亡心理

　　許多人都認爲殯葬面對的盡是死人，因此敬而遠之。事實上，殯葬所面對的全是活人。殯葬業的主要目的，即是爲活著的人處理親友的遺體。從心理層面看，殯葬人員必須深入瞭解人們的死亡心理，並有效從事悲傷輔導。這可說是業者必備的專業素養。

　　一般人的死亡心理可分爲知、情、意三方面來看，亦即死亡概念、死亡態度和死亡反應。死亡概念指的是人們對死亡的認知，包括瞭解到死亡的普遍性與不可逆性，以及死亡乃事出有因，並且造成機能永遠喪失（張淑美，1996）。大部分清醒明理的人都能夠把握這些死亡概念，但問題是知道並不代表接受。人們對死亡所抱持的態度，還是相當程度受到負面情緒的影響。

　　死亡態度的理想面是坦然接受，另一個極端乃是全盤否認，二者之間夾雜的則是死亡恐懼與死亡焦慮。平心而論，

大多數人其實並不是那麼怕死，而是擔心死亡不知何時會以何種方式降臨，由此生出強烈的不確定感。這裡所反映的正是死亡焦慮。一個人情感所感受到的恐懼或焦慮，表現於行為反應上，就是在接納與逃避之間擺盪。

死亡反應表現出對死亡及其相關事物的接納或逃避，此外還有悲傷、失落、憤怒、沮喪等種種反應。這些情緒反應會出現在臨終者及其家屬身上，殯葬從業人員不可不察，最好能夠善加疏導（趙可式，2001）。由於殯葬人員站在服務家屬的第一線，有許多機會適時適地從事悲傷輔導工作。而當「生前契約」的觀念正在逐漸推廣的趨勢中，殯葬人員對一般輔導諮商的知能也應具備。

二、悲傷輔導

悲傷輔導屬於一般輔導諮商理論與實務的引申應用，它是針對人們的悲傷情緒而發。悲傷情緒來自失落感，而親人死亡通常會令家屬產生強烈的失落感。如果殯葬用於人類生物層面的主要功能，是對去世者的遺體處理，那麼它用於心理層面最主要的功能，則為對在世者的心理調適。

悲傷情緒來自失落感，失落感的形成導源於依附。人們由於與心愛之物的親近，逐漸形成依附關係。一旦對象消失，情緒反應便由衷而生。此中尤以人與人的親近關係被切斷，反應最為強烈（李開敏等，1996）。事實上，依附關係不止發生在人類身上，許多動物都有類似的反應，足見它是一種自然且正常的情緒。

人是社會的動物，在社會不斷變遷的情況下，人們的情緒反應趨於發散還是收斂，常繫於其所處的社會情境中。古代社會允許一個人守喪三年，現代社會卻希望他辦完喪事立刻回到工作崗位。此時此刻依附斷裂的創傷仍在，失落心情尚未平復，卻必須強忍悲傷回返正常生活，悲傷輔導遂有其用武之地。

殯儀喪葬原本即具有公開悼念、化解悲傷的作用。如今殯葬已蔚為一大產業和一門專業，業者便不能囿於只是在為亡者辦後事的窠臼裡。殯葬業應該主動向前與向後整合，把悲傷輔導、臨終關懷等活動都納入事業項目，如此方能步上可持續發展的道路。

肆、殯葬科學：社會層面的考察

一、文化形塑

從社會層面來考察殯葬活動，既是一種文化形塑，也少不了經濟考量；前者屬於精神面的體現，後者則是物質面的反映，二者且互相影響。像臺灣流行厚葬，講究陰宅，雖然有慎終追遠的意義，多少也是經濟成長後的產物。這種情況如今在大陸沿海省份亦時有所見。

一般人對殯葬活動的印象，總認為它跟宗教信仰緊密結合在一道。這種看法雖沒有錯，卻不全然如此。從宗教學的觀點看，宗教信仰的基本要件是皈依，亦即通過儀式加入教團。在臺灣誰都可以加入任何宗教團體。但真正皈依者仍屬

少數，大部分自認有宗教信仰的人，只不過是「心誠則靈、勸人為善」的實踐者。像跟隨殯葬繁文縟節行禮如儀，對許多人而言，並非由衷而發的內在宗教虔信，而是入境隨俗的外在文化形塑。嚴格說來，這並不是靈性層面的信仰深化，而是社會層面文化擴散。

文化活動體現於三方面：器物、制度、觀念，其中器物面最具體，觀念面最抽象。以殯葬文化活動為例，它並非一成不變的，而是在社會脈絡中不斷形塑（王夫子，1998）。像臺灣時下許多送葬的禮車造型，就是模仿蔣介石移靈時所用軍用卡車的裝飾外型。然而近年已有業者引進西式加長型轎式靈車為消費者服務，使得選擇變得多樣化。不過臺灣移靈使用卡車是有原因的，那便是因為傳統棺木相當沉重，西式靈車一來放不進去，二來承載不住。所以如果要將靈車西化，棺木也需從善如流。這正是文化形塑的道理和例證。

二、經濟考量

殯葬活動一方面不斷在接受文化形塑，一方面也在落實經濟考量。忽略文化形塑的力量，事情將窒礙難行；不顧有效的經濟考量，活動將無以為繼。殯葬科學所探討的，包括殯葬活動的上層建築和下層建築，二者不可偏廢。所謂上層建築，是指思想觀念條件決定的部分，像宗教禮儀；所謂下層建築，則是指物質經濟條件所決定的部分，像死亡消費（陶在樸，1999）。

臺灣近年經濟發展由盛而衰，跨進新世紀的頭一年，竟

出現經濟負成長。失業人口激增，不景氣的影響也反映在各項消費活動上。過去殯葬消費高得嚇人，一般消費者也沒有「貨比三家不吃虧」的心理準備和相關資訊，只好任憑業者安排。如今進入「消費者導向」時代，都會區民智漸開，不再忌諱死亡相關事宜。再加上西風東漸，西式殯葬商品逐漸引入臺灣，為消費者提供了更多樣的選擇。

平心而論，殯葬管理正是在經濟考量下應運而生的。管理理念和技術原本自西方傳入，在臺灣推廣了大約四十年，但是直到最近五年才將殯葬業納入管理。具體的改革例證像臺北市成立殯葬管理處，各地殯儀館擴充為殯葬管理所，大學開設殯葬管理課程或成立殯葬管理學分班等。

管理的目的即是妥善分配資源和創造經濟效益，後者於營利事業主要以利潤為指標，於非營利事業則反映在社會大眾的口碑上。殯葬業兼具營利與非營利的特質，理想上類似醫療專業，趨近非營利事業。多為消費者著想，便成為殯葬業創造利潤的方便法門。一旦業者的經濟考量能充分照應消費者的經濟考量，就等於為自己開了一扇可持續發展的大門。

伍、殯葬科學：倫理層面的考察

一、道德實踐

從最根本的意義看，殯葬文化所反映的，即是慎終追遠的倫理道德實踐。孟子曾說：「人之所以異於禽獸者，幾

希。」惻隱之心乃構成人之所以爲人的第一要件。對「己所不欲，勿施於人」道理的遵循，人們會藉著愼終追遠的殯葬禮儀，讓自己和家人無後顧之憂。

在一般情況下，殯葬活動乃是亡者家屬爲當事人料理後事的過程，其本質正是倫理的表現。倫理即人倫的道理，傳統上「理」與「禮」相通。禮形之於外，所體現的便是人倫之理或天人關係。道理自古至今歷久彌新，禮儀卻可能隨著時代而有所改變。像古代失親需守三年之喪，如今則在極短時間內回歸生活常軌，禮數雖嫌不足，心意卻不曾稍減。

文化有三個層面：器物、制度、觀念。用於殯葬，則設施是器物、禮儀是制度。至於觀念層面，則反映出倫理道德的實踐，亦即人倫關係的安頓。傳統人倫關係分爲五種：君臣、父子、夫婦、兄弟、朋友，必須各安其位，始稱名正言順。殯葬活動在此成爲現世人倫關係的延伸，掃墓、立牌位、祭拜祖先、編纂族譜等，皆意味著血濃於水、源遠流長下的道德實踐，值得我們每一個人身體力行。

二、禮俗推動

傳統上天、人、地謂之三材，人既無逃於天地之間，就應當學得如何頂天立地。但是一個人並不能隻手撐天，必須和別人齊心協力，改善生活。人們彼此和睦相處而組成社會，社會中的人際關係則構成倫理。倫理乃是人倫之理，本質上奠基於我們內在的感情，形之於外則顯示爲禮儀。然而一旦行禮如儀演成習慣，反倒拘泥形式，卻疏於情感的體

現，時下的殯葬禮儀便是一例。

　　殯葬禮儀在人們的約定俗成下，發展成多樣的繁文縟節。臺灣是一個多神信仰的社會，原本是爲愼終追遠目的的禮儀，在多樣的形式之下，非但沒有提昇靈性的崇高境界，反而流於社會的庸俗活動。要想推動殯葬禮俗的改革，還是得從倫理層面著手。也就是通過人際關係的重整，把殯葬禮俗簡化和淨化（鈕則誠，2001a）。比較可行的辦法，是結合產業界、學術界以及政府的力量，將傳統殯葬禮俗正本清源、去蕪存菁，從而推陳出新。

　　目前臺灣的內政部門掌管殯葬業務和宗教業務的單位，分屬民政司的禮儀民俗科與宗教輔導科，正好避免讓人們將禮儀和宗教混爲一談。如果把殯葬禮儀的基本精神落實在倫理而非宗教上，較有可能移風易俗。例如由民政司委託專門學術團體進行禮儀簡化研究，再以公聽會方式，邀集業者和社會賢達，討論學界研究出來的成果。如此集思廣益，相信可以開發出一系列能夠爲社會大眾所接受的標準禮俗，避免勞民傷財的弊病。

　　總之，推動禮俗改革，非但不會破壞宗教信仰，反而是正面的社會革新，使得倫理道德的意義和價值益形鞏固。

陸、殯葬科學：靈性層面的考察

一、宗教信仰

　　殯葬禮儀做爲一種社會現象，經常與宗教活動糾纏在一

道。不過當我們仔細考察人類的靈性層面，便會發現宗教與信仰事實上是兩回事。簡單地說，宗教是團體活動，信仰是個人抉擇。宗教有「立宗設派，教化人民」的意思。古代聖人登高一呼，萬民來歸，逐形成大規模的宗教團體，向外宣揚教義，吸引信徒，通過儀式以加入教團。入教即是皈依，當今宗教團體及流派不知凡幾，人們確實需要用自己的智慧，妥善選擇參與正信教團，切莫陷入狂熱團體走火入魔，無法自拔。

尤有甚者，在海峽兩岸的華人社會，我們都可以選擇「不信教」。沒有宗教信仰並不一定屬於無神論，也可能是把對超越神明的嚮往，轉化為對內在良知的肯定。這其實是一種人本的靈性實踐，當代新儒家學者講得最透澈。

初民社會不像今天這般，任人自由選擇各式各樣的生活型態。當時的統治者通過巫師，驅策人民敬天畏神。同時把統治的正當性，安頓在一套順天應人的道理中。這個時期是有信仰而無宗教的。真正不受統治集團干擾，而由先知型人物肇始的普世宗教及古老智慧，幾乎都在二十五世紀以前發生。

基督宗教的前身猶太教於兩千五百年前創始，佛陀、孔子、蘇格拉底也在此時期相繼誕生。從此燦爛的東西方文明分別開展，非但擺脫統治者的宰制，更將統治者吸納入教。例如中國皇帝自漢代以後一直尊孔，羅馬人將基督信仰定為國教等，無不說明宗教信仰或人文信念潛移默化的無窮力量（鈕則誠，2001b），這點在建構殯葬教育的基礎時不可不

察。

二、悼亡儀式

人類悼亡儀式歷史久遠，可以回溯到七萬年以前。尼安德塔人將亡者置於地洞中，並灑上花朵，這無疑是墓葬的遺跡。做爲悼亡儀式的葬禮，一方面對生命循環的身分轉換予以認定，一方面也對亡者確定了民族的或宗教的認同。由於許多民族的悼亡儀式都涉及宗教信仰的靈性層次，因此可以視爲屬靈的宗教活動。

宗教活動是民族文化的一環，有其特定的時空脈絡。臺灣地區的主要民族爲漢族，所以漢族的悼亡儀式及其意義，便成爲我們關心的議題。臺灣殯葬活動體現了漢民族鬼靈崇拜和祖先崇拜的信仰文化（鄭志明，2000）。漢民族認爲人死爲鬼，鬼有善惡之分。惡鬼由未得善終者所變，孤魂野鬼到處作祟，遺害人間。善鬼大多屬壽終正寢者，受子孫祭拜，成爲護佑家庭的祖先。人們對待惡鬼多半敬而遠之，不得已乃採懷柔方式設立陰廟祭祀之，冀望成爲保衛鄉土的地祇。其餘仍願其順利安抵陰間。

人鬼殊途，人居於陽界，鬼住在陰間，彼此各守其位，便能相安無事。問題是鬼由人變化而來，面對此一轉型過程，人們充滿了恐懼。人不但怕死，更怕死人。繁複的喪葬儀式，可說是活人用盡辦法把死人送走，送上不歸路，永不返來。

事實上，人們在這方面的心理仍有些矛盾。活人一方面

行禮如儀把死人送走，不願亡靈返來。一方面卻又緬懷曾經相伴的親人，願其庇佑後代。爲化解亡者是至親的矛盾心理，乃有設立神主牌位安置祖先亡靈的權宜之計。喪禮在此延伸爲祭禮，逢年過節不忘祭祖。祖靈被奉迎回家稱「返主」。送葬是喪事，「返主」卻是喜事，愼終追遠的人文精神盡在其中矣。

柒、殯葬管理：公共行政管理

一、殯葬政策

殯葬教育可以自對殯葬文化理論與實務兩方面的考察來落實。理論面即從探究人的「生物／心理／社會／倫理／靈性」一體五面向與殯葬的關係，逐步建構殯葬科學；實務面主要探討殯葬管理，又可分爲公部門的公共行政管理和私部門的企業經濟管理來討論（鈕則誠，2001a）。

公共行政管理主要是政府的業務。臺灣殯葬業雖然大多由民間業者經營，但是制定殯葬公共政策仍屬政府的責任，其主管單位即是民政司。由民政司所提出的殯葬政策，主要內容共有五大項：政策法制化、公墓土地取得公權化、殯葬服務有償精緻化、宣導火化化、端正禮俗宗教化。這些政策方向，大體針對我們民族文化中的不良特性而設（黃有志，2002）。像崇尙「入土爲安」以致多採土葬，墓地講究方位因此零亂交錯，禮俗佛道雜揉形成繁文縟節等等，都亟待從根本改革起。

由於臺灣官方推動殯葬政策的法律依據《墳墓設置管理條例》，早在1983年即公布施行，至今已不合時宜，乃有修正之議。而社會大眾所期待的《殯葬管理條例》，於立法機構歷經四年審議，終於在2002年中通過。

　　而從另一個角度看，立法的周延雖然可以使得執法更有依據、更具效率，但是政策與法規需要放在更大的社會文化脈絡中加以考察。臺灣的殯葬亂象其來有自，這與本土宗教現象的紛雜關係密切。為正本清源起見，殯葬政策的制定和管理的立法，實在應該從上游的宗教立法管理做起，如此方能收到事半功倍之效。

二、公共管理

　　臺灣地區的殯葬服務人員約有兩萬七千多人，他們大多屬於小型葬儀社的成員，提供的是傳統殯葬服務。傳統上，葬儀社扮演的是消費者與提供殯葬設施單位的中介角色。殯葬設施包括殯儀館、火葬場、納骨塔、墓地等四項，過去以公營居多。後來因為市場開放，除有治安顧慮的火葬場外，其餘皆歡迎民間業者加入市場。但是這些殯葬設施的經營成本甚高，非一般葬儀社可以涉足。直到大型業者陸續出現，企業化經營才成為可能。

　　民間業者必然以追求利潤為依歸，與政府機構提供公共服務的精神大異其趣。然而政府所提供服務的經費全部來自地方預算，一旦預算拮据，服務品質便會大打折扣。不過殯葬設施用地經常受到「鄰避運動」的排斥，亦即來自附近居

民的抗爭。這點唯有靠公權力澈底執行始能爲功，又非民間業者所能企及。

　　政府機構擁有理想目標，能夠取得用地；民間業者容易匯集資金，力行企業管理。公部門和私部門各有所長，若能截長補短，互通有無，可謂最佳合作契機（尉遲淦，2002）。近年臺灣官方規劃的「殯葬設施公辦民營化」大方向，無疑是公共管理上的一項突破。

　　簡單地說，殯葬設施公辦民營化即是由公家提供必要設施，而由民間參與營運或提供勞務。如此一來，最理想的結果是政府落實福利政策，民間獲得合理利潤。彼此互利共榮，較能實現可持續發展。但是如何創造誘因，鼓勵民間資金流入殯葬行業，就得靠政府多費心思了。

捌、殯葬管理：企業經濟管理

一、策略規劃

　　殯葬是一門行業，民間資金投入其中，無不希望獲取利潤。在「成本最小，利潤最大」的前提下，勢必要進行企業經濟管理。也因此企業管理的相關理論與實務，便得以套用在殯葬行業上，形成類似醫護管理的殯葬管理。

　　當然從殯葬科學的角度看，殯葬活動以及伴隨而生的殯葬行業，有其獨特的文化背景與本土性質，不能一概而論。但是醫療照護活動又何嘗不是如此？所以筆者希望在介紹殯葬科學之外，更積極推廣殯葬管理的理念。目的是希望殯葬

教育的參與者，能夠對之有一套系統性的認識。

其實無論是公部門的公共管理或私部門的企業管理，到如今都需要從事策略管理。策略乃是指組織型態以及在不同時期間型態改變的軌跡。一項事業從目前的型態發展成未來的型態，既非一蹴可幾，也不是閉門造車得以達成，而是必須經由策略規劃來加以落實的。

二十一世紀是一個強調知識經濟以至知識管理的時代，殯葬行業必須轉型為殯葬專業，方能步上可持續發展的道路。事業轉型成功與否，端賴落實組織管理。而落實組織管理，理當從策略規劃做起（司徒達賢，1995）。管理有五大功能，即規劃、組織、任用、領導、控制。有了概念面的全盤策略規劃後，技術面的細節改善始有依據。

至於殯葬業要從一門行業提昇為專業，則無論是公部門或私部門，教育訓練過程和專業證照頒發皆不可或缺。這正是逐漸使相關公職人員和民間業者的服務水平達到專業標準的不二法門。

二、企業管理

管理有五大功能，企業也有五大功能。由於企業管理理論是在二十世紀上半葉工業發達的歐美國家所形成建構的，因此是以製造業為範本，歸納出生產、行銷、人事、財務、研究發展等五項功能。如今生產或製造功能可代之以服務功能，而人事管理亦早已擴充為人力資源管理。

殯葬業是一門服務業，過去一般將殯葬服務分為三個階

段：殮、殯、葬，如今殯葬業創造價值的主要活動，應該在首尾各加上一項，構成緣、殮、殯、葬、續五個階段（王士峰，2002）。此處加上的乃是生前結緣與後續服務。

由於國人一向忌諱與死亡相關的事物，因此對殯葬業加以排斥。而傳統業者也習於師徒相授，對經營管理採取消極保守的態度。近年已有較大型業者在殯葬管理的原則指引下，以類似販售保險契約的方式，主動積極與客戶結緣，向社會大眾推廣預售式的生前契約。此一商品可避免讓當事人或家屬措手不及，從而無後顧之憂（黃有志、鄧文龍，2001）。至於售後服務，也是採企業化經營業者關切的重點，用以建立口碑，永續經營。

殯葬業要想長期發展，不只在觀念上轉向管理，更需在制度上落實管理。在公共管理方面，官方關心的是政策制訂與施行，業者則嘗試一改傳統經營模式推陳出新。近年消費者意識高漲，各行各業紛紛面對消費者團體的要求，大多從善如流，改弦更張。例如租售房屋通過定型化契約完成交易，象徵不動產相關行業已逐漸步上正軌。目前殯葬業正在嘗試推廣生前契約，政府也在努力發展訂立定型化契約範本，這些都是殯葬管理的具體成果，值得大家肯定並力行推廣（鈕則誠，2001c）。

玖、結　語

本篇論文係對殯葬文化的理論與實務進行全面考察，藉

以爲殯葬教育奠定紮實基礎。殯葬理論與實務可分爲殯葬科學和殯葬管理學兩方面，前者屬上游的理論交叉學科，後者爲中游的實務導向學科；前者且爲後者的基礎學問。由於學術基礎尚淺，筆者在此把二者視爲同一學科的不同構面，希望爲讀者提供一處登堂入室的切入點。

總之，本篇論文嘗試針對殯葬科學和殯葬管理，介紹一套完整的「看問題角度」。筆者將殯葬科學分爲「生物／心理／社會／倫理／靈性」一體五面向加以考察，殯葬管理則以公共行政管理與企業經濟管理中的策略管理及服務管理來分析思考。根據以殯葬科學和殯葬管理爲內涵的殯葬教育基礎建構，可進一步設計大專以上的課程，逐步落實完整的殯葬教育。

參考文獻

王士峰（2002）。〈國內殯葬業市場趨勢與經營管理〉。載於大同商專編，《第四屆生命教育與管理研討會論文集》（頁31-36）。嘉義：大同商專。

王夫子（1998）。《殯葬文化學——死亡文化的全方位解讀》。北京：中國社會。

李開敏等（譯）（1996）。《悲傷輔導與悲傷治療》。臺北：心理。

邱麗芬（2002）。《當前美國殯葬教育課程設計初探——兼論國內殯葬相關教育的實施現況》。嘉義：南華大學生

死學研究所碩士論文。

胡文郁（2001）。〈從健康科學看生死〉。載於鈕則誠等編著，《生死學》（頁41－70）。臺北：空中大學。

張淑美（1996）。《死亡學與死亡教育——國中生之死亡概念、死亡態度、死亡教育態度及其相關因素之研究》。高雄：復文。

陳姿吟（2002）。《最後的儀容——遺體修復人員之專業養成》。嘉義：南華大學生死學研究所碩士論文。

陶在樸（1999）。《理論生死學》。臺北：五南。

鈕則誠（2001a）。〈生死管理〉。載於鈕則誠等編著，《生死學》（頁207－226）。臺北：空中大學。

鈕則誠（2001b）。〈從人文學看生死〉。載於鈕則誠等編著，《生死學》（頁95－116）。臺北：空中大學。

鈕則誠（2001c）。〈生前契約：臨終關懷的殯葬服務〉。《社區發展季刊》，96，146－148。

黃有志（2002）。《殯葬改革概論》。高雄：黃有志。

黃有志、鄧文龍（2001）。《往生契約概論》。高雄：黃有志。

廖又生（2001）。〈從法律的觀點探討生與死的管理問題〉。載於王士峰等主編，《生命教育與管理——生命關懷與生活倫理的整合》（頁481－497）。臺北：水星文化。

趙可式（2001）。〈臨終關懷〉。載於鈕則誠等編著，《生死學》（頁153－184）。臺北：空中大學。

鄭志明（2000）。《以人體為媒介的道教》。嘉義：南華大
　　學。

司徒達賢（1995）。《策略管理》。臺北：遠流。

尉遲淦（2002）。《生死尊嚴與殯葬改革》。臺北：五南。

生命教育的定位

❖❖❖❖❖❖❖❖❖❖❖❖❖❖❖❖❖❖❖❖❖❖❖❖❖❖❖❖

壹、問題緣起

　　自從臺灣省政府教育廳於1998年開始在全省各國中、高中職普遍推行生命教育以來，「生命教育」一辭便代表了中華民國教育史上另一項創舉。雖然當時臺灣省轄區以外的高雄市使用名稱為「生死教育」，但二者精神卻是相通甚至合一的。若說二者有所區別，不過生命教育較看重倫理教育，而生死教育多著重死亡教育而已。精省後的生命教育由教育部接手推動，涵蓋的面放大到小學至大學十六年正規教育。我任教於大學，希望探討自小學至大學不同階段卻一以貫之的生命教育之可能，乃在此針對一些根源性的概念問題加以釐清，期望有助於實務的推廣。

貳、討論範圍

　　首先我認為「生命教育」係一具有歧義的概念，有待商榷澄清。英語國家中也有生命教育活動，源自澳洲，擴及英國、美國及香港，主要目的是防止毒品進入校園。而臺灣省

施行生命教育最初的重點是學生自殺防治，高雄市則希望教導學生認識死亡。本文嘗試定位的正是這種特定時空脈絡下的生命教育，目的爲正本清源，進而規劃教研策略。

當初臺灣省的生命教育只及於中學階段，高雄市則已將小學納入。我主張使用「生命教育」一辭時同時涵蓋死亡論題，分爲國小、國中、高中職、大專四階段全面推行教學方案。完整的方案又分爲對學生和對教師兩層級實施。由於生命教育在概念上有歧義，以下我擬分別就「生命」和「教育」二概念次第釐清，從而提出一套整合觀點以廣納眾議。有容乃大，做爲學生全人格培養的生命教育理當具備寬廣視野，以充分開啓學生的心智靈明。

參、生命：現象說明

「生命」有名詞和形容詞兩種意義，名詞指涉具有生物分子有機體的生滅消長現象；形容詞爲「有生命的」簡稱，一方面用以形容前述有機體諸現象活動，一方面引申專指個人的存在情境。生命教育如是可分爲「認識有關生命現象的教育」和「省察自己生命情調的教育」，前者屬知識增長，後者爲反身而誠，二者相輔相成。在生命現象的探討上，生命科學做出不少貢獻，如演化生物學揭示了人類做爲一個物種與其他物種的關聯、分子生物學在基因層面深化了這種關聯，生態學則將物種間及物種與環境間的關係納入一個整體系統來考察。科學性說明使得人們逐漸認識自己在宇宙中的

位置，從而得以培養愛生惜福的觀念。然而科學知識對現象世界的說明多半以分判眞假的陳述語句來表達，其經驗性認知的特色使得人們對生命的看法傾向異中求同，即歸納出生命現象的特徵。在這個水平上，人類的生命跟細菌的生命並沒有差等之分。

肆、生命：本質詮釋

就個人存在情境而言，每一個體的生命情調理當是同中存異的。行爲社會科學所提到的個別差異性指的是無法納入統計框架中的變數，也許會歸於規律中的例外；人文關懷所肯定的個體存在性則無寧是指「我之所以爲我」的獨特體現，應該視爲理所當然。在後一種意義下的「生命」，其本質即是「存在」；所謂「存在先於本質」的現代詮釋即是「命運操之在我」。在我們的文化系統中，許多人相信「算命」，遇到挫折一味「認命」，卻忘記孔子教我們要「知命」。他對人生的態度是「盡人事，聽天命」，聽天由命之前應當反問自己善盡人事沒有。人是無逃於天地之間的存有，換言之，人生的圓滿必須放在宇宙中始能實現。上下四方爲宇，古往今來爲宙，宇宙所交織而成的空間與時間限制了每一個人的活動，也提供了每一個人活動的場域。人生之所以有意義正是因爲人生有限，限制的條件屬「命」，從有限條件中開創施展的屬「運」。是人在「運」氣，氣乃勢之所趨，此即每個人無與倫比的獨特體現。

伍、生命：整合觀點

　　由以上兩種有關「生命」論述中可以想見，二者的意義有很大的落差。科學所指涉的生命和哲學所指涉的生命可說是大異其趣，但並不表示互不相干。彼此的歧義其實可以在生活實踐中得到整合，畢竟人一方面無逃於天地之間，一方面又足以頂天立地，是認命還是知命全繫於方寸之內、一念之間。從現代科技發展看，生命的奧秘似乎完全隱藏在基因裡，解讀人類基因體的密碼在某種意義下就等於「算命」，尖端科技的未卜先知因此讓許多人憂心忡忡。然而對人類這個物種瞭解越多，我們便能更有效地掌握自己的前途，畢竟人本是血肉之軀，再多的理想抱負仍得仗著身上這副臭皮囊來達成。這不是生物決定論，而是不忘本。如果我們善待自己的身體，身體會回饋給我們一個清明的心靈，幫助我們對人生做成最妥當的判斷與抉擇。相反地，倘若我們未能善待自己和別人的身體，則會為彼此帶來重大的心靈苦痛。

陸、教育：制式教化

　　「生命」概念具有上述「有機體」和「個體存在」二重意義，放在學理考察和教研方向上，可以涵攝構成人類生命的「生物／心理／社會／倫理／靈性」一體五面向，這正是契入生命教育的方便法門。然而「教育」一辭在我們的認知中同樣出現歧異。簡言之，「教育」可以是名詞的「制式教

化」，也可以是動詞的「潛移默化」；前者表現制度規範，後者追求海闊天空。制式教育有國民教育、中等教育、高等教育、技職教育、特殊教育之分，其重點在「教育」，過程是明顯可見的。相對於這種明確區分的教育體制，生命教育的重點則放在「生命」，教育過程在此隱而不顯。制式教育要符合教學原理、講究教學方法、擬定教學目標和教學計畫，最後還要進行教學評鑑。這般規範對於強調融滲式教學的生命教育而言，似乎顯得不切實際，但並非完全沒有參考價值。

柒、教育：潛移默化

如果生命教育有心激發有機個體的生命情調，卻面臨資源有限和定位不清的困局，就必須反身而誠，尋求突破制式教育格局的契機，擴充為一種全民教育，其方法則是機會教育。「教育」在最廣泛的意義下即意味引領指導，一如父母教導子女那樣自然。當然為人父母並非天生，於是才有親職教育的推行。但親子關係的真諦乃是「愛」，而「愛」實屬無與倫比的。在各種人際關係中，師生關係恐怕也少不了「愛」。「愛的教育」是生命中必須承受之重，任何一種教化活動假如缺少愛心必然是空殼子。以愛心為基礎的教化活動才談得上是有教無類、因材施教、作育英才。總之，我認為「教育」應儘量做廣義解，方能讓更多學子受惠。此外，我更希望強調教育的真諦乃是體現在潛移默化的功能上，而非

僅止於形式的要求。現今臺灣教育的升學主義已被多元化入
學管道逐漸解消，但形式主義卻仍未見有效改善，值得有識
之士共同努力。

捌、教育：整合觀點

　　明確地說，我接受在兼顧通識的情況下教學內容朝向專
業化的趨勢，但是質疑將教育本身專業化的正當性。舉例來
說，小學畢業的大企業主如今可以「專家教師」的身分至大
學任教，而大學教授卻不能到小學教書。對中小學教師的資
格限制導致許多大學生、研究生拼命去修教育學分，目的則
是為了事業出路。如果教育學分是為教育國家未來主人翁的
必修學分，則它應當是全民教育和通識教育，而非政府層層
節制、奇貨可居的貴重資源。從整合的觀點看，形式應與內
涵並重，專業必須配合愛心落實。像生命教育這麼重要的教
育內涵，倘若非要具有一定形式要件方能參與，則滿足這些
形式要件的機會也應充分提供、無所匱乏才是。國內生命教
育要想澈底實現，必須將之融入各科教師的教學內容中，以
全面性的機會教育達到潛移默化的效果，如此生命教育始得
永續發展。

玖、對學生的生命教育

　　究竟我們的學生要接受那些內容的生命教育？又該當如

何實施？教育部的分類包括人際關係、倫理、生死學、宗教、殯葬禮儀五大項，我則建議參考前述的「生物／心理／社會／倫理／靈性」一體五面向加以規劃教學內容。在中小學可配合九年一貫課程的七大學習領域，由教師利用自己授課時以機會教育方式實施。談生物層面的生命，可落實於數學、自然與科技、健康與體育等領域，自然科、數學科、健康教育及體育教師對此可發揮所長；談心理、社會層面的生命，可落實於語文、社會、藝術與人文、綜合活動等領域，語文科、工藝科、社會科、輔導科教師可為功；談倫理、靈性層面的生命，應照顧至民族精神、宗教信仰、人文信念等境界，各科教師皆可全面參與。至於要向學生介紹的範圍，則生老病死均得納入。國人諱言死亡，學校方面在此更應率先打破禁忌，安排活動，引領學生參觀醫院、老人院和殯儀館、墓園等場所，讓年輕的心靈感應生命的過程與無常，以早日安頓其「向死存有」的生命基調。

拾、對教師的生命教育

臺灣的生命教育自2001年起已全面實施，中、小學教師部分，是請校長、教務主任、訓導主任、輔導主任、級任導師參加講習及體驗活動，並舉辦主題輔導工作坊進行研習。我過去曾在臺灣省二十一縣市中七縣市舉辦的講習會上擔任講席，大力推廣生命教育理念。依我觀察，學校行政主管和教師對生命教育有相當高的期望，卻也充滿困惑。這項

原本以學生自殺防治為重點的教育活動，因為精省效應差點無疾而終。後來由教育部概括承受，再接再勵。我建議廣泛辦理類似學習研討工作坊，授予大學部或研究所層級學分，並將研習成績列入人事考核，方能鼓勵所有教師積極在職進修。平心而論，對學生生命教育的成功實繫於對教師生命教育的落實，學校不應強迫教師進修，但可多方鼓勵，讓老師自動自發地從終生學習中自我實現。唯有當教師成就自身的「存在主體」，始能推己及人，鼓舞學生欣賞生命、熱愛生命、開創生命。

新世紀的臺灣生命教育

* *

壹、面向二十一世紀的臺灣

　　走過半個世紀的帝國主義，再加上四十年的威權統治，臺灣直到近十餘年間才邁入眞正民主自由的社會。促成這種革新的原因是經濟成長，而臺灣經濟不斷成長，實有賴全體人民辛勤地打拼。如今我們豐衣足食了，對生活品質的要求日趨精緻，大家開始體認到永續發展的重要。二十世紀人類追求的是生活水準的改善，二十一世紀追求的則是生活品質的提昇。永續發展的觀念用在經濟上強調的是珍惜環境資源，用在人生上理當強調增進身心兩全。面向新世紀的臺灣人，必須揚棄過去那種膚淺短視、急功近利的庸俗心態，認眞反思，發心實踐，以期更上層樓。在所有改善生活的努力中，我們建議從根做起，通過生命教育，以建立適合於自己、有利於社會的人生觀。

貳、人生觀與生命教育

　　人生在世，實無逃於天地之間。一個人要做到頂天立地，唯有培養一份健全的人生觀，了然於心後始能眞正了生脫死。對任何人而言，人生觀都該是基本問題，只是有時顯得不是太迫切而已。不過無論如何，人們都對人生多少都擁

有一些主觀體驗，而生命教育所要傳授的，即是對這些主觀體驗歸納而得的客觀學理。在臺灣由教育部所推動的生命教育共有五項內容：人際關係、倫理、生死學、宗教、殯葬禮儀，大體上可以分為八項主題：生命系統、生命倫理、生命禮儀、養生技藝、死亡教育、臨終關懷、悲傷輔導、殯葬管理，所涉及的學問範圍包括人類知識的自然科學、社會科學、人文學三大領域。以下筆者即嘗試就這八項主題在新世紀中的可能發展加以分析，期能對生命教育的內涵有所廓清。

參、新世紀的生命教育重點之一：生命系統

系統指的是一種在定義上可以自給自足的分類，通常以功能顯示之。例如身體是一個系統，而心臟、肝臟等器官則是次系統，次系統的功能必須放在系統中始具意義。依序看，生命體的意義是相對於地球環境，地球做為星體的意義是相對於太陽系等等。生死學研究的基礎是建立在以人為中心的生命系統上，人的生命系統和環境系統的互動決定了人的生滅消長、成住壞空。對於生命系統的瞭解，十九世紀的核心概念是「演化」，二十世紀是「分子」，二十一世紀無疑是「複雜」。

傳統科學研究的指導綱領一向是「以簡馭繁」，通過分析工具肢解對象，有時難免見樹不見林。以生命科學為例，

把身體分爲器官、組織、細胞、胞器等個別鑽研之，固然可以深入，但整體生命現象卻容易疏忽。二十世紀中葉興起的分子生物學，雖然已經大致解讀出人類基因體的三十億個密碼，依舊無法窮盡生命的奧秘。生命教育建議在傳統的方法之外考慮順乎自然的「複雜性」思維，還其本來面目。也許渾沌複雜正是生命的眞諦。

肆、新世紀的生命教育重點之二：生命倫理

　　生命的渾沌複雜性最明顯可見之處即是醫療活動中，病人的治癒並非必然而是蓋然的。每個人對同一種病所承受的風險不盡相同，甚至同一個人對同樣的病在不同時期感染的結果都不同，醫師看診投藥遂不止是一種技術更是一門藝術。過去人們多生於家中死於家中，如今人們則生於醫院死於醫院，醫院已成生老病死的主要發生場域。現代化的醫院中更有無數科技器材用於維繫病患的生命跡象，卻無助於生命品質的改善，以致讓病患陷於求生不得、求死不能的苟延殘喘悲慘境地。爲解決這種生命的弔詭情境，醫療倫理以及更廣義的生命倫理考量乃應運而生。

　　新世紀的生命倫理理當從事全方位思考，除了臨床決策外，還應該包括醫療衛生法規與政策的制定，亦即把倫理關懷法制化，至少先促使倫理與法律相輔相成，國外具有法律效力的預立醫囑便是最佳例證。目前臺灣雖已立法，但尚未

普及完備。目前已有些醫院採行定型化醫囑，一方面尊重患者自律，一方面也希望減少醫療糾紛。

伍、新世紀的生命教育重點之三： 生涯發展

　　人類遵循儀式行事由來已久，大凡皆與宗教信仰相關。宗教與信仰二事在今日可分別對待；宗教乃團體活動，信仰則屬個人抉擇。然而在遠古時代，各族群莫不生活在既定的宗教氛圍中，有著相同信仰本是天經地義之事。在敬天畏人的時代，宗教性儀式在人們的日常生活中扮演了重要角色。中土漢民族由於長期受到儒家思想的薰習，十分看重「發乎情，止乎禮」的規矩節度，至今雖不免流於形式，但仍然影響深遠。至於道教、佛教同樣深入民間，內化於百姓言行舉止之中。在這種多元宗教雜揉的情況下，以漢民族為主體的臺灣人民生命禮儀，也呈現一片多采多姿的面貌。

　　以生命禮儀為形式的生涯發展，可視為個人生路歷程各階段的里程碑。西方人出生有洗禮，猶太人有割禮。在我們的社會中最被看重的是婚禮和喪禮，近年部分高中、大學及地方政府則倡行成年禮。生涯發展做為生命教育重點之一，是因為它不斷落實於各種人際關係中，更反映出人類各族群的身心發展階段，有必要做系統化的記錄與整理。

陸、新世紀的生命教育重點之四：生活藝術

傳統文化受到道家與道教思想的影響，相當強調養生之道。人們嚮往神仙境界，追求長生不老，因而從事生活藝術的實踐，雖然不見得達到最終目的，但仍可能有所收穫。像學習氣功和修練各種軟硬工夫，以及相伴隨的五術流行。其中尤以中醫診療，更是累積了大量的養生經驗，值得從生命教育的角度重新探討。

生命教育對宗教活動及神秘現象皆有所涉獵，較不易受制於自然科學無徵不信的實證心態，對另類學術也有較多的好奇與包容，將超心理學納入生命教育議題即是一例。超心理學在西方國家不見容於主流學界，在大陸則以「人體科學」為名，吸納了傳統五術和特異功能的研究，可說是兼容並蓄。有容乃大，生命教育方興未艾，海峽兩岸相關學者已積極通過學術交流合作，為生活藝術現代化做出貢獻。此方面的實務應用可稱為「身心潛能開發」。人者心之器，潛能開發無疑將是本世紀人類所面臨的重大課題。

柒、新世紀的生命教育重點之五：死亡教育

目前在臺灣蔚為流行的生死學，其實就是百年前創始於法國、四十年前復興於美國的死亡學，而死亡學最初則是以

死亡教育的形式出現。當時美國的行為社會科學家先在大學中開授死亡相關課程，漸次向下紮根於中、小學，如今已成全民教育。臺灣出現死亡教育課程大約有十餘年歷史，且多在大學通識課程中。國中及高中職的相關教程，直到1998年方由當時的臺灣省教育廳全力提倡，名之為「生命教育」。目前教育部已將生命教育列為小學至大學十六年正規教育的一個環節，並訂定2001年為「生命教育年」。

死亡教育與生命教育有相當大的重疊面，其涵蓋的知識範圍非常廣泛，屬於科際整合教育，需要不同學術背景的學者參與其事，共襄盛舉。然而即使是整合也應有個核心。整合的方向可以是自人文向科技整合，也可以是自科技向人文整合，但是都需要誠意虛心的對話。

捌、新世紀的生命教育重點之六：臨終關懷

人終不免一死，有人以此為憾，盼能永垂不朽。但仔細想想，如果生命綿綿無絕期，那麼所有的意義與價值，都可能在漫漫生命長河中被稀釋得無影無蹤。生命有意義正是因為生命有限。生命的盡頭不是絕望，而是饗宴與禮讚，讓每一個人以最尊嚴的方式向世界告別。尊嚴死是人生旅途抵達終點前起碼的要求，臨終關懷正是基於這種要求而發。狹義的臨終關懷在臺灣稱為「安寧緩和醫療」，屬於醫療照護行為，一般放在醫院的安寧病房中施行，是一種專業活動。而

廣義的臨終關懷則是種全民活動，是健在者爲臨終者尊嚴送終，大多包含有宗教成分在內，但也可以僅止於人本關懷。

臨終關懷是愛心加善行的表現，尤以家人間的照顧最爲自然。傳統文化主張壽終正寢，至今大多數人仍不願在冰冷的醫院病房辭世，臨終者的居家照護逐成爲醫護人員和家屬的共同責任。對臨終者身、心、靈的整全照顧不免涉及醫護專業，如果社會上有更多的人接受安寧療護義工或志工訓練，相信有助於臨終關懷的加速普及。

玖、新世紀的生命教育重點之七： 悲傷輔導

往者已矣，來者可追。臨終者大去往生後，其家屬親友悲傷情緒的撫平與安頓，已成輔導及社工人員的重大職責。研究指出，人類身心巨大創傷痛苦，喪偶高居首位，失去至親亦容易陷入悲傷逾恆的地步，亟需別人伸出援手。與臨終關懷面臨同樣趨勢，悲傷輔導也有專業化的傾向。除非它能回歸爲一種全民運動，否則只有少數人能受惠。而當我們反思人類文明發展，現代化的醫療護理、安寧照顧、悲傷輔導等，都是相當晚近的事。在這之前，人們面對喪偶、喪親之慟，也只能從親朋好友及宗教牧靈人士的協助中得到慰藉，逐漸平復身心痛苦。專業化在此只應該是手段而非目的。

死亡教育向後回溯是死亡學，向前開展是生命教育。四十年前逐漸推廣普及於美國的死亡教育，是兼顧學校教育與

社會教育的全民教育，新世紀在臺灣推廣的生命教育亦當做如是觀。生命教育一方面要打破專業化壟斷的迷思，一方面也要倡導專業化服務的功效；前者針對安寧療護與悲傷輔導，後者指向殯葬管理。

拾、新世紀的生命教育重點之八：殯葬管理

　　殯葬管理專業化在西方國家早已蔚為傳統，美國的殯葬業於十九世紀末即出現專業組織，並逐漸邁入證照制度。百年下來，殯葬業已發展成死亡相關行業裡的大戶。1998年在美國芝加哥舉行的一次全球性死亡教育與輔導學術年會，即由大芝加哥地區殯葬協會贊助。將殯葬管理及上下游的殯葬學術及實務納入生命教育重點之一，是生命教育積極推展的方向。根據學者的仔細評估，臺灣的生死學如果以殯葬管理為教研核心是有其利基的；一方面臺灣殯葬業的專業化與學術化皆有待開發，另一方面臺灣學術界至今仍極少接觸殯葬事務，再一方面以生死學涉入殯葬管理自有其正當性。

　　殯葬業的管理措施必須具有學理基礎始能見諸成效。殯葬管理大體可分為政府單位對業者和業者內部管理兩層次，二者之間理想上應有專業協會及學會組織做為橋樑。學者對這兩層的努力，一是接受政府委託從事專案研究，二是接受業者委託進行在職訓練，並在專業學會中納入殯葬業者。一旦殯葬管理學術發展成熟，殯葬學術和殯葬學會的獨立運作將是水到渠成之事。

從生命教育看生死學

壹、什麼是生命教育？

2001年為教育部所訂定的「生命教育年」，全國最高教育主管機關於五月底函頒給各級學校一冊《教育部推動生命教育中程計畫（九十至九十三年度）》，代表著這場極具意義的教育活動正式上馬開跑。事實上，四年中程計畫只是十年全程計畫的一部分。但僅以中程計畫推動而言，經費概算即高達一億七千餘萬元。究竟政府打算花那麼多錢要做些什麼？答案可以從計畫中略知大要。

計畫的前言開宗明義指出：

> 每個學生都是社會的寶貴資產，更是國家發展的指標。然而，處在科技高度發達的今天，E世代的學生受到科技的影響，對於生命的價值、人生的意義、人我關係、人與大自然的關係，以及生死問題，常無法真正瞭解，而衍生出許多不尊重他人生命與自我傷害的事件。這些現象使我們感到相當憂心，而期望提出有效的解決方法……生命教育的推動已是時代所需，彌補現行教育之不足。

而前任教育部長曾志朗在2000年8月初曾明白指出，生命教育的內容包括人際關係、倫理、生死學、宗教、殯葬禮

儀五大項。這五項課題其實有著先後順序和內在理路，大家可以看出生死學正位居承先啟後、繼往開來的位置。臺灣的生死學即是西方死亡學，如果生死學是生命教育的關鍵項目，那麼從生命教育看生死學便饒有意義。以下我們就把生死學的理論探究和實務考察兩方面，放在生命教育的脈絡中來省思與詮釋。

貳、自然科學與生命教育

政府所推動的生命教育有一個重要的目的，就是平衡科技高度發展下所產生的人文失落，以開創和諧的人本社會。然而時下各級學校學生在享用科技成果之餘，大多不瞭解科技活動和成果的社會文化意涵，以致身陷其中見樹不見林，網路與手機的流行即是一例。事實上科技成果背後的科學理念，原本也是人類文明及社會文化的一部分，只是上個世紀科學與人文被支解割裂，衍生出許多知行落差的弊病，但這絕非任何一方的過失。

二十世紀把科學與科技推向強勢知識的境地，來自人文與社會科學的批判往往顯得掛空與無力，改善之道唯有正本清源，亦即盡可能瞭解科學以及科技的來龍去脈和意義價值。生命教育在此理應加強介紹科學技術發展的歷史、哲學和社會背景。與生死學關係較直接的生命科學，尤其是其中演化觀點和分子觀點所產生的天擇與基因論述，正是自然科學與生命教育交會的重要課題。

參、健康科學與生命教育

因為人類健康問題同時涉及自然科學、社會科學以及應用科技諸方面，有必要單獨討論。何況健康與否直接影響生老病死的發展歷程，的確值得大家的關注與學習。從生命教育的觀點看，討論健康科學議題還蘊涵著一種批判意義，那便是批判醫療霸權。眾所周知，醫學是所有衛生保健專業領域中最強勢的學科，很難與其他相關學科平起平坐。也因此我們在此要特別強調護理學論述，以呈現照顧和醫療的缺一不可。

在臺灣以生死學為名的西方死亡學，著重於死亡與臨終相關議題的探討，臨終關懷正是其中重要議題。在臨終關懷意義下的安寧緩和療護，其實是照顧為主、醫療為輔的「盡人事，聽天命」作法，與加護病房裡那種「戡天」的景象大異其趣。我們希望大家對其間的差異有所體認。

肆、社會科學與生命教育

「科學」一辭的用法在西方有廣義與狹義的分別，也有歐陸與英美的差異。歐洲人的用法較廣義，幾乎與「知識」同義，因此任何學問皆可列入科學。相對地，英語國家的用法則較狹義，科學只有自然與社會之分；而像文史哲之類學問則屬「人文學」，是不屬於科學的。但即使是社會科學，也無法與自然科學平起平坐、等量齊觀。因此一般人口中的

「科學」與「科技」，大體仍是指自然科學與應用科技。至於學術上的分野，社會科學則常被歸於人文學一邊，乃有「人文社會科學」的說法。

從字面上看，「社會」科學的對象是人的社會，「人文」則來自「人文化成」，皆與人脫不了關係。尤有甚者，此處所談論的「人」，不是指其生物面，而是涉及心理面、社會面、倫理面；是有高度價值取向的。所以社會科學觀點可以用於推廣生命教育，對科學與科技的流弊加以分析批判；而非宣導科學萬能，與之唱和。

伍、人文學與生命教育

話雖如此，但是過去一個半世紀中，社會科學努力追隨自然科學，希望鞏固本身的知識性和科學性，卻不知不覺陷入科學追求量化、客觀的窠臼，對於意義與價值之類說法避而不談，甚至斥為主觀成見。所幸一九八〇年代社會科學受到哲學啓蒙，開始採用質性研究方法，把個人的生命、生活、生存做為探究主題，不再諱言意義與價值。

哲學是人文學之中一門相當古老的學問，在西方學術傳統裡，它一度幾乎無所不包，因此今天大學教師多為「哲學博士」。哲學關心真、善、美，探討宇宙與人生，是生命教育的最佳起點和重心。事實上，生命教育於八十七學年度起在臺灣省各級中學開始提倡時，起點和重心乃是倫理教育；而倫理學也正是哲學重要的分支學科之一。如今教育部所推

動的生命教育，可說是站在過去省教育廳打下的基礎上開發擴充，融倫理教育、兩性教育、環境教育、情緒教育、人本教育、人文教育於一爐，堪稱「有容乃大」。

陸、從生命教育看生死教育

因為教育部所提倡推動的生命教育涵蓋甚廣，所以主事者認為它可以無所不包，甚至把生死學和死亡教育包容進去。關於這一點，許多教生死學的老師有不同的意見。他們認為不是生命教育包含死亡教育，而是應該將死亡教育放大為生死教育以吸納生命教育。平心而論，政府所主導的生命教育是由倫理教育擴充而來，與生死學者所體認與死亡教育相對的生命教育不完全指涉同一件事，但是二者其實可以互補。名相之爭並沒有太大意義，要緊的是彼此理當齊心協力去推動。

務實地看，以政府名義推展教化活動，無疑較為迅速有效。因此生死學一方面可以用死亡學的學問方向去倡導死亡教育，一方面也可以策略性地認同將生死學列入生命教育的主要課題加以推廣。在後者的意義下，從生命教育看生死教育，其實就是去推廣介紹生死學。如此一來，學校開設生死學課程，也就是在推動生命教育。生死學在臺灣普受歡迎、廣被重視，還是最近十年間的事。這種現象反映出人們對提升精神生活的期望，與此平行的則是大家對改善物質生活的努力。

柒、從生命教育看生死輔導

死亡學原本關心悲傷輔導,但是生死學在臺灣,不妨把關心的焦點放大為包含生老病死各種輔導活動在內。理想的生死輔導至少應該包括學生時代的情緒教育、倫理教育、前程規劃,成家立業的婚姻輔導、親職教育、生涯發展,以及因應變局的靈性照顧和悲傷輔導等。

以生命教育的重要項目而論,人際關係、倫理、生死學、宗教、殯葬禮儀五項,可以使力的輔導活動大體包括上述的情緒教育、倫理教育、婚姻輔導、靈性照顧、悲傷輔導等。其中除了悲傷輔導值得重視外,年輕人的情緒教育和成年人的婚姻輔導也是十分重要的。所謂 「人和為貴」、「家和萬事興」,人際關係不良、夫妻關係緊張,都容易引起爭執,有時後果相當嚴重,需要生命教育未雨綢繆,事先防範。

捌、從生命教育看生死關懷

護理與醫療在精神上及實務上最大的差別即在於前者強調關心、關懷,著重照顧、照護。生死學講生死關懷,大體呼應了護理照顧,其中包括嬰幼兒保育、一般病患照護、老人照顧,以及臨終關懷;後者在臺灣稱作「安寧緩和療護」。

與生死輔導的情況類似,生死關懷的範圍理當涵蓋從出

生到死亡的生老病死諸歷程。從生命教育看生死關懷，我們願意特別強調對生、老、病的照顧，也就是鼓勵大家多多關心嬰幼兒、病人，以及老人。嬰幼兒保育的觀念有一部分要靠親職教育來推動，「視病如親」的人道專業關懷是醫護人員的基本修養，而「老吾老以及人之老」則是高齡社會下人人應該具備的敬老之道。凡此種種，無不需要自生命教育著手以落實。生命教育在此不但是學校教育的重點，更是社會教育的核心。生命教育理應成為全民教育、大眾教育。

玖、從生命教育看生死管理

生老病死是人人都會碰到，也是人人都必須面對的事情。有些人會認為光憑感覺經驗就能夠應付裕如，結果事到臨頭仍不免手忙腳亂，不知所措，像辦喪事就是一例。家裡有人往生原本是正常的事，偏偏國人在諱言死亡的風氣下不願意早早安排後事，非得拖到最後再忙作一團。如今殯葬已逐漸步向專業，許多外國先進作法逐漸引入國內，例如購買生前契約便足以讓人們無後顧之憂，值得大力提倡。

殯葬業長期令人詬病，卻又是民生必需，因此如何使此一行業落實管理，已為產官學各界所重視。像殯葬管理便構成生死管理重要的一環，其他如婚姻相關行業、宗教事務等，無不需要列管。尤其是宗教團體良莠不齊，正信與迷信混淆不清，亟待通過生命教育以正本清源。政府把宗教和殯葬禮儀列為生命教育的重點項目，的確是一種高瞻遠矚的作

法，希望大家能夠認眞體會其中眞諦。

拾、從學習生死學推動生命教育

生死學在1993年間是以新瓶盛舊酒、中體融西用的包裝型態出現，幾年下來由於它的名稱具有一種「光環效果」，讓大家「既期待又怕受傷害」，一時竟蔚爲流行風潮。但是光叫座並不一定代表叫好，要使生死學成爲顯學，必須在學理上深耕、在實務上普及，生命教育的推動或許對此可爲功。

生死學當然不全然涵蓋生命教育，其他還有許多傳統學科可以拿來契入生命教育。我們在此只是向大家介紹從學習生死學推動生命教育的可能性和意義。二十一世紀爲終身學習的世紀，終身學習是有容乃大的學習歷程，應該用一個比較大的架構去包容自己所學的一切，生命教育或許正是這麼一種安身立命、自我實現的學問架構，希望學習者滿載而歸。

成人生命教育

●●●●●●●●●●●●●●●●●●●●●●●●●●●●●●●●

壹、引　言

　　這是一篇概念性文章，筆者採用意義詮釋法，自西方文明中勾勒出具有社會發展意義的成人教育圖像，據此導出可能的學程規劃與教學型態。其後再引入臺灣生命教育的理念，以開發成人教育的多元價值學程。筆者的作法是正本清源、推陳出新。成人教育爲西方文化產物，自有其形成的歷史與社會脈絡，以及具體的教學實踐。本文章希望把成人教育還原到它的歷史與社會意涵內，重新建構符合當代需求的學程。生命教育議題涉及當代社會中成人最關心的個人處境，值得學者專家與社會大眾共同切磋討論，並用以改善現狀。

貳、成人教育與社會發展

　　成人教育在西方世界中源遠流長，可以自西方文明兩大傳統中找到它的蹤影：古希臘城市國家如雅典的公民教育、《舊約・聖經》中先知對以色列人民的教誨等，這些都屬於非正規教育。後來兩大傳統合流，形成以基督宗教文化爲主軸的歐洲歷史與社會。成人教育受到宗教影響，成爲教會人士教導人民識字以閱讀《聖經》的活動。文藝復興以後，神

權式微，君權高漲，民權亦應運而生，成人教育乃轉型成更為平民化的非正規教育。

另一方面，西方的大學創始於十二世紀的教會，自寺院型態演變為教堂型態，再成為基爾特性質的學術團體。其後大學教育幾經改進，至十九世紀末成為學術研究中心，二十世紀又引入系統性教學活動和技術課程，終於落實為今日的正規教育重要環節。

大體而論，正規教育與非正規教育的差別在於政府的介入。政府興辦正規教育是其施政的主要部分，一般是由政府設立一部門主管其事，舉凡小學至大學教育皆納入其中。相對地，非正規教育則由民間社會主導，無論幼兒教育或成人教育都包括在內。非正規教育並非沒有系統、沒有組織的教學活動，它只是不屬於正規教育體制的一環。在臺灣，正規教育以外的教學機構有托兒所、幼兒園，以及社區大學、老人大學等。

民間社會是一個與國家或政府相對的概念，最極端的一種民間社會為烏托邦社會主義者所構思的無政府烏托邦。然而自近代民主政治形成後，民間社會指的是一切非關國家與政府的活動組合，例如經濟活動、文化生產、家庭生活、自由結社等。有現代意義的成人教育便在這種社會發展的脈絡中，找到了自己的定位。

簡單地說，西方成人教育在擺脫宗教束縛後，逐漸奠基於民主政治的民間社會中。它仍然具有宗教性關懷，更重要的是成長為一種社會運動。標榜民主的自由成人教育揭櫫的

是民權的真諦，與政府主辦的成人職業教育大異其趣。這種成人教育的場所在十七、十八世紀即是英國的咖啡館和法國的沙龍，知識分子於其中高談闊論，影響所及甚至可以推動民主革命。

不過社會發展還是朝向國家力量的擴充。當代福利國家秉持社會主義精神，幾乎興辦一切與人民生活攸關的事務，成人教育也不例外。值得注意的是，民間社會自主的經濟活動，形成自由貿易和市場機能，發展至今竟出現無孔不入的跨國企業。公部門和私部門加諸於個人的影響既深且大，公平與正義問題逐躍上檯面。傳統那種啟蒙式成人教育的真諦與價值，是否會被營利導向的媒體所左右，正是當代關心成人教育的人所必須面臨的考驗。

總而言之，成人教育乃是西方民間社會發展下的產物，當它伴隨著其他源自西方的制度例如民主憲政、社會福利等，傳到東方國家或地區來以後，我們必須正本清源方能推陳出新。筆者認為，成人教育可說是一種人道理想，它是有教無類、歷久彌新的，有待大家集思廣益加以改善和提昇，具體作法即自學程規劃和教學型態著手。

參、成人教育的學程規劃

從成人教育在西方的歷史與社會發展中，我們肯定它是一種人道理想。這種理想在當代已非局限於西方國家，而是擴散至世界各地。成人教育人道理想的充分落實，必須放在

特定的時空脈絡內考量。唯有確認任何一回成人教育的發生脈絡，其後學程規劃設計始能有效進行。

　　成人教育學程規劃並非僅止於如何規劃的問題，更需要考慮為何和為誰規劃的問題。後者涉及的不全然是技術面，還包括權力、政治、倫理各方面因素。有些成人教育學者不把這些因素當一回事，如此實不足以規劃出週全的課程。因為成人教育不屬於正規教育，其教學資源不必然由政府支持或提供。即使由政府主辦，也會碰到個人與組織利益的衝突，需要經常性的折衝協商。負責地規劃乃是一套民主的規劃過程。

　　由於成人的學習需求相當歧異，成人教育的形式與內涵就顯得非常多樣。一般而言，有大學附設的繼續教育、獨立設置的社區教育、語文入門教育、工商企業內部的人事組訓、企業外部的工會組訓、專業人員在職進修、社會運動草根教育等。以美國為例，成人教育的目的即包含提昇企業組織的工作品質、加強教師的教學能力、激發人民參與公共事務以督促政府改善現況、反抗種族與性別歧視等。由此可見成人教育學程規劃可能牽涉的權力、政治、倫理因素既多且雜。但總的來說，規劃者無不相信如此可以影響並改變世界。

　　根據學者的歸納，成人教育學程規劃的觀點有三：古典式、自然式、批判式。三者各有所長，亦各有所短，融會之後或能提供較為完備的規劃觀點。

　　古典觀點認為成人教育與正規教育一樣，要追問四個基

本問題：教育目的為何？要達此目的需提供何種教育經驗？這些教育經驗要如何有效組成？如何評估是否已達成目的？學程規劃在此是內造理解，不假外求。

相反地，自然觀點注重的是外在的脈絡，不在乎理想化的原則。規劃者在此是就事論事，對真正教學情境加以深思熟慮和務實推理，期能使複雜的現實難題一一破解。

古典觀點和自然觀點一個是按規矩辦事，一個是看情況而定，這在批判觀點看來皆有所不足。批判觀點從自然觀點再向前進一步，強調任何對教育活動的現實判斷背後都有政治和意理因素涉入，教育即是反霸權實踐。

成人教育的學程規劃，一方面要融合上述三種觀點之長，一方面更要整合規劃者的判斷和結構性的限制。此種規劃因此成為社會發展中的利益協商過程。

肆、成人教育的教學型態

從民主的社會發展方向看，屬於非正規教育系統的成人教育，涉及了較多的權力、政治、倫理因素，在學程規劃上又具有利益協商性質，施教者與學習者雙方的互動關係就格外值得推敲。簡單地說，由於成人教育的施教與學習雙方都是成人，所以彼此的關係不應該是上下的垂直關係，也不全然是左右的水平關係，較理想的乃是一種趨近的傾斜關係。教師與學生在這種不太對等但也非對立的關係中相互學習成長，類似「三人行必有吾師」的境地。

師生相互學習成長並不是抽象掛空的意念，而是放在一定歷史與社會脈絡中的「意識覺醒」實踐。由於中國人有諱言死亡的文化偏見，亟待通過教育手段加以改善，在成人教育中落實生命教育即有其正當性。

　　如果成人教育的眞諦蘊涵了相互學習成長的過程，則師生雙方除了互爲施教與學習者外，彼此也都是自我學習者。學習在此有兩個趨向：統合和擴充，前者將個人的價值、信念、態度、行爲等加以內在調合，後者將個人現有的信念、技術、能力、習性、表現等朝更高境界改善提昇。在兼顧二者的情況下，成人教育始能有效體現獨特的教學型態。

　　教學型態指的不止是教學形式，更看重的是教學風格。此時教師把自己的信念、價值、態度、行爲等融入教學互動中，這已不只是言教更是身教。而當成人教育以師生互通有無的型態體現時，彼此互動的教學風格乃是奠基於雙方的特有個性。一如前述，成人教育的施教者與學習者都是有社會經驗的成人，師生關係不似從屬而爲互補。一個社會人士有心接受成人教育，其潛能開發成分實大於技能學習。此時教師不全然是教導學生一些新的事物，更積極的是發掘學生原本具有的潛在能力。成人教育因此可說是人力資源的開發。

　　爲了落實成人教育的多元特性，其教學型態自然不宜定於一尊，而應呈現多元的面貌。以下六種方法大體都適用於成人教育：

- 表現法——即傳統的教學方法，使學習者有效地獲得大量的信息內容，屬於知識傳授。
- 體驗法——藉由教學活動，使學習者重新體驗其個人過去的人生經驗，有點類似心理治療。
- 發現法——通過潛移默化的努力，使學習者重新發現過去已經知道的事物，以及發現自己的認知能力。
- 遊戲法——藉由競爭與合作的遊戲化情境，使個人和團體互動，將知識及技能轉移流通。
- 媒體法——施教者退居幕後，讓學習者以自身感知去擷取各種媒體所提供的信息。
- 自學法——像函授、電腦教學、遠距教學等，均沒有教師在場，必須以自學方式完成學習。

　　成人教育是針對有豐富社會經驗的成人而發的教學活動，在教學型態和方法上自當講求多樣、多元。至於講授課題，若與學習者切身攸關，或能收事半功倍之效。以下即以生命教育議題闡述成人教育的可能方向。

伍、成人的生命教育

　　生命教育所要傳播的重要內容之一乃是死亡學。死亡學原意為「死亡研究」，在臺灣則常被稱為「生死學」，它所探討的是與死亡相關的行為、思想、感受以及現象。死亡學早在二十世紀初即已出現，但是直到二次世界大戰以後存在哲

學勃興於歐美，帶動世人探究自殺的興趣，以及隨後產生的全球性自殺防治運動，才先後以教育推廣和學術研究的形態臻於成熟。由於人類生老病死之事牽涉極廣，死亡學便形成為一門跨越人文社會科學和生物醫學科學、尋求人文與科技積極對話的科際學科。

　　死亡學不但是一門尋求對話的科際學科，也是一門講究實用的應用學科。它來自教育推廣，通過學理探究，凝聚為專業實務。簡單地說，近四十年間逐漸成熟的死亡學，肇始於一群有識之士希望打破死亡禁忌所努力從事的教育推廣。死亡教育最大特色即在於它不止進行教學，更強調接觸，亦即學理學程與體驗學程並重。繼承西方國家四十年來的教學研究實踐積累，死亡教育自一九八〇年代後期傳進臺灣後常被稱為「生死教育」，目前則已逐漸擴充為內容更為廣泛的生命教育。

　　生命教育關涉到人類生老病死諸方面，兼及其他有情眾生，絕非紙上談兵的空洞學問，而是性命攸關的功德事業。就其實踐看，專業實務的落實紮根乃是維繫學問義理於不墜的最佳策略。目前與死亡學相關的專業實務主要有死亡教育、臨終關懷、悲傷輔導、殯葬管理等，這四門專業皆可通過較廣泛生命教育加以落實。例如臨終關懷即是一種生死攸關的決定，生命教育在此是培養人們「盡人事，聽天命」的智慧。畢竟人生自有其極限，尊嚴往生比苟延殘喘更有意義，生命教育對這方面的心理建設無疑具有居安思危、未雨綢繆的意義。

生命教育理當是全民教育、通識教育，在西方教育傳統內，可歸於博雅教育。也因此它是以人為中心的人文教育，而且極具包容性。生命教育希望為社會大眾提供終身受用的生命知識，以激發人們的生命智慧。生命教育推廣死亡學，死亡學關心生命教育，二者相互增長，相得益彰。在生命教育的實際作法上，學生參與學習是一種有效的模式。這種模式融會教師和學生共同感興趣的生命教育議題，令彼此都能受惠。

　　以認識和推廣臨終關懷為例，首先要讓學習者瞭解並認同臨終關懷。為破除世人對臨終關懷的成見與偏見，正本清源的方式是介紹它的發展歷史。臨終關懷運動所提倡的主要為靈性照顧。當醫療科技處理局部的病時，靈性照顧則關心整全的人。一旦讓社會大眾瞭解此點，與此相關的生命教育便易於普及。

　　諱言死亡在華人社會是常見的事，而隨著醫藥發達，各地華人社會多已邁入高齡社會，養生送死之事在所難免。倘若衰老、病厄、死亡非要等發生時不得已才面對，常會造成措手不及。倒不如及早作好準備，防範於未然來得恰當。在成人教育中實施生命教育，正是一種風險管理的努力，值得積極推廣。

陸、結　語

　　本篇文章寫作的目的，是希望提出成人教育多元化的一些可能發展方向，供大家切磋討論。筆者發現，成人教育的傳統起於民間社會，屬於非正規教育系統，不必受到正規教育形式的羈絆，大可海闊天空推陳出新。但是成人教育也不能完全無視現實社會的影響，像市場經濟價值無所不在，就為成人教育帶來限制。通過多元的教育型態，成人教育至少可以在「獨善其身」的工夫中更上層樓。具有另類思維特色的生命教育，提供了成人教育充分開發的空間。筆者樂見教育學者專家能夠對此做出貢獻。

大學生命教育

壹、緣　起

　　大學生命教育是過去式？現在式？還是未來式？我想都是吧！但無論如何，隨著教育部的大力提倡，在今後十年裡，生命教育都將是每個大學生在專門訓練之外最重要的通識教育。生命教育不全然是通識教育，不過大學生命教育多半通過通識教育來落實。通識教育是形式，生命教育是內涵，二者的交織，使得大學生在人格養成方面得到全盤的把握。

　　正式的大學通識教育始自1984年，我個人正好於這一年開始在大學任教，可以說是恭逢其盛，正好作出肯定的見證。當時全國大學生都要修通識課程，我所教的商管類科學生因此得以涉獵自然科學和文史哲學。過去十幾二十年間，我在大學中講授兩性學、生死學、人生哲學、應用倫理學等課程，於教學相長中自己收穫頗多。

貳、概　念

　　當了二十年老師，回頭一看，自己從頭到尾似乎都在從事以生命教育為核心的通識教育。我教過高職生、專科生、大學生、碩士生、博士生，甚至空中大學、社區大學、軍校

的學生，仔細想想，生命教育的確是我的主要興趣所在。究竟什麼是生命教育？尤其當教育部把2001年訂定為「生命教育年」，以四年中程計畫和十年長程計畫，平均每年四千萬元的預算來推動生命教育，所有的大學生就應該對此有一個起碼的認識。

在政府於2001年中頒布的《教育部推動生命教育中程計畫》中，開宗明義即指出：

> 處在科技高度發達的今天，E世代的學生受到科技的影響，對於生命的價值、人生的意義、人我關係、人與大自然的關係，以及生死問題，常無法真正瞭解，而衍生出許多不尊重他人生命與自我傷害的事件。這些現象使我們感到相當憂心，而期望提出有效的解決方法……生命教育的推動已是時代所需，彌補現行教育之不足。

由上所述，可見教育部所推動的生命教育，其實是一種人文教育、人本教育，也就是我們長期施行、一直在做的人格養成教育。只是把它放在一個科技當道的時代，益發顯示出與人文對話、尊重生命的意義與價值。

參、方　法

即然生命教育有其時代需要性，我想它的方法學指導綱領理當是「科技與人文對話」，而落實下來的操作方法應該

以體驗法為主。以一般綜合大學的教學環境為例，學院的訓練幾乎全部可以歸為專門教育。這個時候，大學生的人文關注便只有靠通識教育來完成了。

教通識課的老師相信大多有過這樣的經驗，那便是不知道如何恰當地為學生打成績。記得我有個同學教佛學課，大談禪宗的明心見性，不立文字，結果學生考試交白卷，讓老師去明心見性。我常在想：「人生哲學」考滿分，就代表人生十全十美嗎？這些情況反映出生命教育的可能弔詭，也就是生命教育到底可不可以教？

我倒覺得這點沒什麼好擔心的。學校原本即不完全為傳授知識而設立，培養德性和才情也是一部分教育目的。所謂「進德修業」便指向人生境界的真、善、美。知識表達真、道德實踐善、才情體現美，生命因此無所偏廢。專門教育訓練大體屬於知識的傳授，生命教育則指向一個人德性與才情等方面潛能的發揮。後者不是說沒有知識性，卻不能完全紙上談兵。生活體驗在此反而成為重要課題，因此我常建議同學要記得蔡琴的一首歌「讀你」。

肆、自　學

讀你千遍也不厭倦，這時候的確需要一套自學方案。我這樣說並不表示上課不重要，只不過上課意味著一種「方便法門」，是手段而非目的。換言之，生命教育在大學雖然主要還是通過通識教育來落實，但它不應該只值二、三個學

分；不是選幾門通識課，通過考試或寫份報告以取得學分，然後就算大功告成。生命教育要求得更多，它希望經由課堂互動的學習，達到潛移默化的效果。這個時候主動學習、自我教育，便顯得格外重要了。

我所強調的生命教育自學方案，其主要動力來自同學們的參與感和認同感。簡單地說，生命教育所反映的乃是一個人生命情調的抉擇；是一個人通過對週遭生命和自我生活的反思，決定將來要向上提昇，還是向下沉淪。同學一定會想，自己都那麼大了，那裡還會向下沉淪？大不了在社會上載沉載浮罷。但是我不禁要問：你就這麼甘心隨波逐流嗎？為什麼不學學做真正的自己？

我考大學時執著地選填哲學系，就是想瞭解生命的意義與價值，這種理想至今未減，形成我個人大半生的「存在抉擇」。在我的生命情調中，人文信念高於宗教信仰。尤有甚者，我堅持一種叫做「科學人文主義」的信念，它讓我用理性的眼光去觀照世界，反思生命。

伍、推　廣

教育部在推動生命教育的中程計畫裡，特別強調 E 世代學生受到科技影響而對人文價值疏忽與漠視。但是聰明的大學生請仔細想想，科技成果不也是人文精神的體現嗎？人文指的是人文化成，也就是我們的文化活動。現代社會充滿了各式各樣的文化環境，我們每個人都不可能成為化外之民。

無可置疑的，科技文明已成爲當代社會文化景觀的大宗，像學生喜歡上網。網路是科技產物，然而一般年輕人感興趣的恐怕不是網路運作的機制，而是其內容的千變萬化。喜歡電玩的人都知道，電腦是硬體，遊戲是軟體，軟硬搭配得宜才玩得過癮。由此可見，科技缺少了人文將是一種憾事。

　　大學通識教育從1984年開始正式實施，許多課程雖無生命教育之名，卻有豐富多元的實際推廣。如今教育部已規劃以十年時間大力推動生命教育，這一代的大學生躬逢其盛，理當結合資源，積極參與。生命教育是與每一個人的生命、生活、生存息息相關的自我教育和權利教育，學校教育的功能在此只是鼓勵大家打開心扉，反身而誠。如果大學生對生命教育有任何意見，理當跟教師誠意虛心交流對話才對。

中學生命教育

* *

壹、為什麼要談中學生命教育？

頭一次看見「生命教育」這個辭彙，是在1998年初的報紙上，當時我們把它列為研究生入學口試題材，結果卻是沒有人聽說過。幾年過去了，如今在教育部積極推動下，全國各級學校已全面開展生命教育。這個由臺灣省政府教育廳於1998年秋季率先在中學起跑的活動，正好遭逢臺中女中資優生廖曼君為情輕生的事件。為了亡羊補牢，教育廳長希望藉由生命教育來從事學生自殺防治，進而導引學生愛生惜福的觀念。

當時省府就地取材，援引了臺中市曉明女中實施二十年的「倫理教育」教材和教法做為藍本，讓全省各中學效法施行。然而天主教辦的曉明女中既擁有宗教情操，學生素質又好且同質性高，並非其他學校易於模仿。如何更有效地普及生命教育？如何因材施教？如何讓這種有意義的教育活動永續發展？這些都是我們希望大家集思廣益共同探討的論題。

貳、國中生命教育的回顧與前瞻

如果學校生命教育的重點是自殺防治，那麼死亡教育在此就有無比的重要性。死亡教育是四十年前在美國自大學開

始推行，逐漸向下紮根至中小學，其題材包括死亡社會觀、臨終過程、個人死亡態度、死亡宗教及文化觀、悲慟與哀悼、殯葬活動、自殺、安樂死、墮胎、死刑、戰爭、兒童的死亡觀等。不過我們的教育主管當局大概認為這些課題對中學生的心靈是難以承受之重，乃避重就輕自欣賞生命著手，希望中學生從生之喜樂中拒斥死之痛苦。

全省國一新生自1998年秋季入學後就開始接受每學期七節的生命教育，三年六學期的學習主題依次為：欣賞生命、做我眞好、生於憂患、應變教育與生存教育、敬業樂業、信仰與人生，作法為學理介紹與體驗活動兼顧。在為國中校長、教務主任、訓導主任、輔導主任和一年級導師所舉辦為期一天的研習活動中，學校的行政主管及第一線教師率先接受了相當於一學期份量的生命教育。

依照我的體察所得，國中由於是義務教育的最高階段，是「有教無類」理想落實的最後關卡，每個學生人生觀的確立於此有著無比的重要性與迫切性。國中生命教育在未來一定要朝向導引學生建立適性的人生觀努力，否則年輕孩子一踏出校門就有可能陷入社會大染缸中載沉載浮不知所終。

參、高中生命教育的回顧與前瞻

相對於國中以下的「義務教育」，高中、高職、五專以上的學習階段應可視為「權利教育」。一個年輕人有權利選擇進入高中就讀，此後大致是升學導向的，唸高中成為上大

學的踏板。雖然現今大學入學管道已日趨多元化，但學生來源主要還是高中生。相對於國中生命教育的重點則應放在建立學生的人生觀，高中生命教育的重點應放在協助學生從事生涯規劃上。

臺灣省各高中、高職自1999年2月開始施行生命教育，三年六學期的學習主題依次爲：良心的培養、人活在關係中、能思會辨、生死尊嚴、調和小生命與大生命、全球倫理與宗教。由這套主題架構中可以看出，高中階段的生命教育可說是爲形塑一個整全的人和培養一份浩瀚的心胸作準備。人生在此一階段已逐漸擴充至社會、國家、全球甚至宇宙中，在國中階段建立的人生觀到了高中階段便成爲日後考大學選科系的標竿。

記得年輕時我們動不動就說立志做科學家，如今想想多少是沒有根據的。因爲我們的人生觀在當時並未確立，性向未受開導，生涯又如何規劃？過去許多人考大學懵懵懂懂地填了一大堆不是志願的「志願」，然後身不由己地進入一個沒興趣的專業科系，把一生投注其中，這豈不是草率行事、虛擲人生嗎？如今雖然考招分離，多元入學，但是妥善的生涯規劃仍然是必要的。

肆、高職生命教育的回顧與前瞻

屬於技術與職業教育體系的高職在性質上與高中有著明顯的差異。過去大家都認爲高職爲就業導向，沒有升學問

題，如今四技、二專成為高職更上層樓的目標，高職生也有著與高中生同樣的生涯規劃需求。與高中生不同的是，高職生以及五專生一入學即已歸於一種專門學科，許多人從十五歲就開始學習汽車、美容、會計、廣告等各類專長。我不知道這裡有沒有過早入行的危機，但是能學得一技之長至少讓年輕人無後顧之憂。由於高職升學壓力較小，相對其人際關係與社會活動則較頻繁，兩性交往所受阻力亦較小。過去有調查指出高職、五專生的性關係是同年齡層中最開放的，因此我認為高職生命教育應特別重視性別平等教育。尤其是夜補校高職生涉世機會多，社會化較嚴重，稍一不慎就可能走偏鋒而不克自拔。

教育主管當局強調高中職生命教育應格外重視兩性關係確是明智之見，如果「生命的意義在創造宇宙繼起之生命」這句話有其道理，則高職生命教育把性別平等教育列為重點工作，或可對移風易俗起到正面積極的作用。畢竟愛慕異性或同性是年輕生命奔放的表徵，生命教育因勢利導，對其他相關議題如墮胎、死亡等，易收事半功倍之效。

伍、大學能夠為中學生命教育做些什麼？

教育部所推動的生命教育內容包括人際關係、倫理、生死學、宗教、殯葬禮儀五大項，其學理研究乃是從「生物／心理／社會／倫理／靈性」一體五面向去探討人的生老病死，議題包括生命系統、生命倫理、生涯發展、生活藝術、

死亡教育、臨終關懷、悲傷輔導、殯葬管理八門，這些議題均可融入中學生命教育中加以引介。當然，爲顧及中學生的學習興趣和吸收能力，這些議題必須儘量融入中學生的人格發展需求中，以免曲高和寡。

　　生命教育在國中階段的實施重點爲建立適性的人生觀，高中階段爲生涯規劃，高職爲性別平等教育，但這只是重點而非全部。事實上，人生觀、生涯規劃、性別平等教育等，對所有國中生、高中生、高職生都有重大意義。臺灣的生命教育在精神上與美國的死亡教育相連，死亡議題也是我們想在中學生命教育中積極推廣的。

　　總之，大學教師負有教學、研究與社會服務的責任，大學能夠爲中學生命教育規劃課程、訓練師資、安排進修，並在國家教育政策上提供建言，使得生命教育永續發展、可長可久，而非淪爲另一個政策性的標語口號。

生命教育的啓蒙
——兒童哲學與思考

●●

　　「兒童哲學與思考」這七個字，其實可以從許多方面來解釋，比如「兒童的『哲學與思考』」或是「『兒童哲學』以及思考」，看你是以什麼角度去看它，但我認爲題目的模糊也許意味著更大的彈性。就我學哲學的觀點，喜歡把題目拆開來分析，這是一種概念分析法，就是把一個字或一個詞拆開來看，希望能更詳細弄清楚它的意思，因此我們要先把題目的範圍找出來。

壹、兒　童

　　比如「兒童」，我首先去界定那一種人是兒童。根據我的常識判斷，剛出生的小孩到一歲左右稱爲「嬰兒」，一歲到三歲稱爲「嬰幼兒」，三歲到六歲稱爲「幼兒」，這些六歲以前的孩子，我都不視爲兒童。我所說的兒童是界定在六歲到十二歲的小學階段。小學階段屬於初等教育，分爲初小、中小及高小，一、二年級是初小，三、四年級是中小，五、六年級則是高小。所以，若在社區推動兒童讀書會，我們帶領的對象歸於那個範疇，必須加以釐清，因爲六至十二歲的

小朋友，在心智成長以及心理需求上都有很大的不同。

我認為帶領兒童讀書會是提供一個環境，讓我們的下一代能夠有機會去接近書本。現在的書本定義已經非常廣泛，涵蓋目前流行的有聲書、多媒體等。所以，讀書會的進行並不一定以印刷媒體為主，尤其在目前這個社會，電子媒體有逐漸凌駕印刷媒體之勢。但我還是覺得印刷媒體是一個重要的傳播管道，因為電子媒體稍縱即逝。

我曾在電視臺服務過三年，從事雜誌編輯和節目製作；雜誌是文字工作，節目則是畫面錄製。畫面很容易捉住人心，但也稍縱即逝。朋友常說我在電視臺裡每天風花雪月，我說不是風花雪月，真正的感受是鏡花水月。因為鏡花水月總成空，使我覺得還是讀書比較有趣。書本可以翻來翻去，不想讀就放一邊，喜歡讀時再取閱。可是電視以影像呈現，不把它錄下來就沒有了。反觀書本則開卷有益，而且信手拈來，所以讀書一直是我個人在成長歷程中的愉快經驗。

一、生物發展

以上我把兒童界定為小學階段的一群小朋友，接下去再把兒童分成三個層面，就是生物、心理和社會層面。從生物「發展」上來看，小孩子生下來時就具有第一性徵，到十二、三歲時出現第二性徵，逐漸成長為一個完整成熟的個體。臺灣的法定成年是二十歲，西方國家也差不多。以年齡來區分，小學階段稱為兒童，國中階段稱為少年，高中階段稱為青少年，大學以上稱為青年，至於二十歲以上的青年就

是成年人了。

　　就生物發展而言，兒童的特性十分值得玩味。舉一個例子，我小學五年級的時候既討厭女生又害怕女生，因為當時有兩個女同學，一個坐在我旁邊喜歡掐我，一位坐在我後面喜歡彈我的耳朵，所以我一直對女孩子敬而遠之。但很奇怪，上了國中以後，女孩子卻對我具有強烈的吸引力。我相信這種異性相吸必須放在生物發展中來解釋。

二、心理認知

　　但今天的主題是談哲學和思考，因此較偏重在心理層面。尤其是思考，主要涉及了「認知」。從一些文獻中我們瞭解到，兒童的好奇心非常強，對事情的吸收能力像海綿一樣，什麼都很感興趣。小朋友進了小學之後，逐漸擺脫自我中心的心態，瞭解到在生存環境裡，不是只有自己為所欲為，還必須去遷就別人、考慮別人。所以過去在幼兒園或更早期以自我為中心的行動模式，就慢慢地轉變成自己跟環境的互動模式。在這成長過程中，開始把外在事物當作一種客觀的東西，而不屬於身體的一部分。對於任何一件事情，小朋友都會懷抱著好奇心，而且隨著年齡逐步成長。

　　但是成人的知識分類例如自然、社會、語文等，在小學的時候就開始讓小朋友去接受是否恰當？我認為這是值得初等教育專家思索的問題。是把成人對世界認識的分類套用到小學的課程設計上面去，還是在開始時先採用一種比較籠統、互動比較強的方式進行教學？小學老師有時候可以用

「神」來形容，因爲他們什麼都懂，什麼課都是一個人在教，你會發現他們都是全才。但畢竟課程都是分開的，兒童在這種情況下，心理認知是如何發展的，我們在設計兒童讀書會的時候就要多加考慮。

三、社會角色

在社會層面，我比較重視「角色」問題。以前常常聽到一句話——「兒童是國家未來的主人翁」，這就是我們期待兒童的社會角色。所以我們的教育方式，就是訓練兒童成爲國家未來的主人翁，成爲國家的棟樑。假如他逾越了這個角色，就會被視爲不恰當。未來的主人翁是未來的角色，目前的角色則是小學生，必須循規蹈矩、孝順父母，遵守種種道德教化的要求。假如他逾越了這些要求，我們便說他沒規矩。

這種社會角色無所不在，一個人從出生到死亡，無時無刻不被社會貼上一些標籤。但是我想在設計兒童讀書會的時候，最好盡可能把這些角色暫時擱置，並且在這樣一個多元化的後現代社會裡面，透過另類思考，試著反身而誠，讓我們的小朋友去開啓他們的潛能。

貳、哲　學

接下去談「哲學」。這兩個漢字是日本人翻譯的，英文稱philosophy，原意爲「愛智」——愛好智慧，意思是說學

習哲學不一定立即擁有智慧，但卻可能「雖不能至，心嚮往之」。智慧是沒有辦法學得的，我們在學校裡所學充其量只是知識而已。所以我在此把哲學分爲三個層面，即常識、知識、智慧。

一、常識

常識通常是一種對事物直覺或直觀的把握，每個人或多或少都有一些，有的人很豐富，有的人比較貧乏，但是不可能沒有。常識就是我們道聽途說、日積月累下來一些對事情的看法，也可以稱爲一般見識。常識是人們因應外在環境的基本參考，倘若沒有常識，則對很多事情便無法做出反應。但常識有個很大的問題，就是容易出錯。也就是說有些事情道聽途說，積非成是，看來好像有道理，實際完全不是這麼回事。所以根據常識去做判斷，很可能會碰壁、出錯，這個時候就需要知識來扭轉、調整依賴常識所發生的錯誤。

二、知識

然而人在從事思考或判斷的時候，出發點一定是常識，因爲我們的知識是根據教育設計和學科分工而來，人窮其一生所能夠掌握的知識其實是非常有限。我們求知的活動，從小學、國中、高中、大學、研究所，一直到取得博士學位等，知識常常是所見日小，到了最高深的時候，可能就是最瑣碎的部分。我們的知識一直是割裂的、局部的，但求知的目的卻是去激發我們原本就具有的潛在智慧。所以，哲學愛

好智慧的活動，就不能局限在某一個特定的學科裡。

　　大家也許聽說過，幾乎所有學科拿到的博士學位，都稱為哲學博士，英文叫做Doctor of Philosophy，簡稱Ph.D.。為什麼是這樣呢？這是因為在整個西方世界裡，傳統哲學牽涉的範圍非常廣，直到十七世紀科學革命以後，知識才開始逐步分化，比如物理學、化學、生物學、社會學、經濟學等，慢慢從哲學中分支出去。

　　哲學在傳統的知識分工裡並沒有那麼細，它的範圍很大。今天的哲學雖然與其他學科一樣平起平坐，是一門大學中開設的學系，跟其他學系並沒有高下之分。但是在思考哲學的傳統精神時，我倒願意強調一個觀念，即是哲學乃屬一門愛好智慧的學問，它其實無所不包，非常廣泛。

三、智慧

　　我把哲學分為常識、知識和智慧三方面來看，視常識為「合」的工夫，是人對事物的直覺把握。而求知則是從「分」的角度深入學習、思考。至於智慧乃是另一層面的「合」，是學以致用在生活實踐上。我舉一個禪宗裡的公案來做比方。

　　在宋朝有位出家人名叫青原惟信禪師，他曾說：

老僧三十年前，未參禪時，見山是山，見水是水。及至後來親見知識，有個入處，見山不是山，見水不是水。而今得個休歇處，依前見山祇是山，見水祇是

水。

　　我想這個公案很巧妙地點出了前面的見山是山，見水是水是一種常識。雖然看山是山，看水是水，但並不一定對，所以他說及至後來親見「知識」，有個入處。他進去了，在進去的過程中，一切的事物都分崩離析，都是割裂、片斷的。然後通過了修行的工夫，通過了知識或求知活動的洗禮後再走出來，這時又像前面一樣，見山祇是山，見水祇是水。我們發現前面的山和後面的山雖然都是同一座山，但是心境不一樣了，為什麼？因為他通過了知識的洗禮。

　　我們在舉辦兒童讀書會的時候應該瞭解到，求知其實只是小朋友人生的成長過程，我們的目的是希望去激發他們的智慧。每一個人的智慧都是潛在的，不能說小朋友就沒有智慧，他們的智慧無時無刻不在，而且我覺得他們的智慧是很巧妙的。

　　我舉一個聽來的故事：一對姐弟遇上下雨天在家裡閒著，姐姐帶著弟弟玩遊戲，遊戲是姐姐當老師，弟弟當學生，姐姐說什麼，弟弟就做什麼。因為在小學裡，學生把老師當做是神，老師說的話就是聖旨，所以姐姐認為做老師最了不起，要弟弟聽她的指揮，不可以違背。弟弟答應了，但他說我們還有一個小弟弟，他要做什麼好呢？姐姐看到小弟弟躺在搖籃裡，想到他太小聽不懂她的話，可是玩遊戲也要公平，必須讓他扮演一個角色，於是想了半天後說道，讓他當校長好了。

由此可知，在小朋友的心目中，校長是天高皇帝遠，也許什麼都不懂，至少距離非常遙遠。而在我們成年人的心目中，校長卻是神聖不可侵犯的，官大學問大。這就是一個落差，也是小朋友世界裡的價值判斷與成人之間的差異。

我們不難體會，生命裡面其實有著非常豐富的潛能，等待我們去開發。這種潛能是全方位的，像特異功能就有可能是天生具有的秉賦，只是在我們的社會裡始終沒有讓它展現出來，於是它就被埋沒了。我想說的「智慧」就是類似如此。

如果我們無法激發兒童的智慧，而是逼他讀很多死書，那真的會把國家未來主人翁給埋沒掉。孟子就說了一句好話：「盡信書則不如無書」，意思是說你若完全相信書本上的東西，最好把它丟掉。所以我想身為一個哲學人，讀書只是一個方便法門，透過知識的洗禮去激發智慧。哲學可以從這個方面去瞭解。

參、讀書與思考

再來談讀書與思考，我把它們視為是不同的兩件事情。當我們讀書的時候，不見得能夠同時思考，你可能受限於作者所提供給你的資訊。但當我們把書闔起來開始沈思時，那時就進入海闊天空的境地。讀書若以佛教的觀點來說是一種漸修的工夫，也是求知的工夫。能真正達到頓悟的效果乃是智慧。有兩首名偈：

身如菩提樹，心似明鏡臺。
時時勤拂拭，勿使惹塵埃。

菩提本無樹，明鏡亦非臺。
本來無一物，何處惹塵埃。

　　這裡所隱藏的意義是說，我們應該不斷地去蕪存菁，不斷地精鍊和修行。但修鍊的結果，就如後面那首偈所示，當我們有了深刻的了悟，就可以跳脫生命的執著。

　　在禪宗裡還有類似的話：

空手把鋤頭，步行騎水牛。
人從橋上過，橋流水不流。

　　這是擺脫文字障的寫法。空手如何把鋤頭呢？把鋤頭應該是握有東西，不是空手的。而步行就不可能騎在水牛上，對不對？人從橋上過，橋流水不流，這種事讓人看來很荒謬，卻凸顯出事物的相對性。因此，所謂的另類思考，其實就是把事物的相對性勾勒出來。這對兒童讀書會所帶來的啓示是什麼呢？

　　我的想法是，我們不是去給兒童一個標準答案，而是讓他們自己去找答案。我們激發各式各樣新鮮的答案，我們順著兒童的思考模式，去想像在那樣的環境或心情下，也許有一個理想的答案。過去我們談兒童哲學，其實是從成人的角度看問題。因此當我們在帶領兒童讀書會時，讀書的應該是

我們自己。我們順著小朋友的思考模式回過頭來讀一本書，可以產生一種互動。如果我們去帶領兒童讀書會，眞正受益的不只是兒童，還包括我們自己。

一、讀書

讀書，可分爲以文字爲主及以圖畫爲主，但其實讀書是很多元的，如前面提到的有聲書、多媒體或是電腦網路等，都可以視爲讀書的一環，因此不應只局限在文字上。我認爲把文字當作起點很恰當，因爲我發覺下一代的孩子們似乎對文字感到有些厭煩，這是蠻可惜的。所以當我們在帶領讀書會的時候，如何激起小朋友對書本的愛好，甚至拿到書就感到親切，這是很重要的。

我把書本分成三種：即「休閒」的書、「修業」的書和「修養」的書。休閒的書是打發時間的書；修業的書是小朋友最怕的——課本及教科書，換句話就是知識書；而眞正重要的則是修養書，也就是修身養性的書，因爲它具有潛移默化的功能。休閒的書是打發時間的可有可無，修業的書是爲了求知而必要的，修養的書則終身受用，若三種書都融匯於一爐則十分理想。

二、垂直式思考

若說讀書是漸修的工夫，思考就是培養頓悟的效果。思考也可以分爲三種：即「垂直式思考」、「水平式思考」、「跳躍式思考」。在學校，我們學習的是垂直式思考，它是一

種因果性思考，也就是當我們看見一件事的結果，再回頭去找尋原因，以建立因跟果之間的關係。這種思考主要有兩種方法，一為演繹法，另一為歸納法。前者是從整體推論到部分，這種方法不易產生新的知識。後者則是從個別推論到整體，我們常稱此法為科學方法。

為何我要強調科學？第一是因為科學經得起考驗，第二是因為科學為開放且不斷修正的學問，所以強調科學方法，實事求是，無徵不信。但科學也是有限的，它所能做到的是分辨真假，但人類的世界不是只有這樣，還有其他各種分野，比如是非、善惡、對錯、好壞、美醜等，這些都與真假不一樣。真假是事實認定，其他幾種是價值判斷。科學常常對價值判斷無能為力，當然此處所說的科學是指自然科學。

垂直式思考其實就是一種自然科學的思考模式，它是一環扣一環的。但在人類生存的環境裡，我們不能只做垂直式思考，這是很危險的。因為許多事情並非只是分辨真假，而是包含許多價值判斷在內，這時就需要把心胸放寬一點，不要只用自然科學模式進行思考。有容乃大，必須更人性化一點，此時就需要採行水平式思考，也就是換個立足點來思考。

三、水平式思考

我們若無法在概念上做個釐清，往往會錯失許多對事情深入的體會。今日社會看似多元化，其實還是不夠多元。舉個例子，社會上有許多賣汽車、賣房子的廣告，提供多樣性

的選擇，強調這都是每個人應該要擁有的財產，因為它代表著身份與地位。但在一個多元化的社會裡，我們應該去懷疑這種價值觀。要大破而後大立，這才叫做多元化思考。

我們可以鼓勵兒童去檢討這樣的行為或觀念，這是屬於良性的批判，有其積極的意義，亦即回到更基本的層面去看問題。垂直式思考是因果的思考；水平式思考是立足點的思考，就是把我們的立足點從既有的價值觀移到另一個觀點上去。我們不是離經叛道，而是希望有容乃大。包容表示你對但別人不一定錯，我想這是民主社會裡最需要的一種思考模式。

四、跳躍式思考

跳躍式思考也就是創意思考，尤其在兒童身上，他們的心智尚未被成年人的思考模式所束縛，所以可能跳躍得很快。還有廣告企畫人員和藝術家，都需要這種思考。這是屬於頓悟的效果，但卻是經過長期日積月累的學習而來。科學上有許多著名的例子，最有名的像苯的結構，當初想到這個結構的人是在作夢時，看見一隻蛇咬住自己的尾巴打轉，於是聯想到六角形的化學分子結構式，但在此之前，他可能有三十年的時間在研究苯分子是什麼形狀。又如牛頓坐在蘋果樹下，看見蘋果掉落而想到重力，但一般人不會想得那麼遠。所以這種漸修的功夫確實是蠻重要的。要有長期修行的工夫，才會有頓悟的效果。跳躍式思考需要垂直式思考的不斷累積，才有可能水到渠成。

肆、兒童哲學與讀書思考

　　最後談「兒童哲學與讀書思考」，可分為兩點看，第一點是「從讀書思考到兒童哲學：對兒童的成人思考」，這裡所提的兒童哲學，是指透過成人哲學的架構來設計一套屬於兒童的哲學。當我們在辦理兒童讀書會或教小朋友時，我們教給他們的其實是成人思考的內容。而真正要做的是第二點「從兒童哲學回到讀書思考：對成人的兒童思考」，也就是在我們通過與小朋友接觸、交流以後，反過來模仿兒童的思考方式，久而久之就會被小朋友的心靈活動所影響，進而隨他們去思考。這個時候從兒童哲學再回到讀書思考，也許可以幫助我們打開心智，使得成年人的心智也變得海闊天空。

一、對兒童的成人思考

　　童心童性真性情，小孩子不會拐彎抹角，除非被感染。現代社會環境非常不理想，成年人在言教身教方面大多沒有給下一代很好的教育。舉個例子，一次我去搭火車，車站人多擁擠，大家都在排隊，這時有對夫妻帶著一名小孩在月臺上晃沒有排隊。接著火車來了，車子不是對號入座，旅客必須從前後兩個門上車。當時平快火車的窗戶是屬於舊式可以打開的，這個父親就把小孩從窗口抱進去占位子，然後再從容地上車。當父母走到小孩身旁時發現他在哭，父親就問為什麼哭，小孩回答說有人罵他。原來小孩上去以後是躺在椅子上，一個人占了三個位子，別人看見他躺在椅子上，當然

會不高興地叫他坐好，小孩就說人家欺侮他。這時父親非但沒有教訓小孩，反而還幫他說話，去跟別人吵架，這是很不好的身教。小孩這樣的行為已經沒有公德心了，還讓他以為這樣做是對的，那就不妙了，因為這個小孩長大以後可能一直沒有公德心。

小朋友的耳濡目染是跟著大人學的，他們的模仿能力相當強，而他們的價值判斷又多處於混沌狀態，因此兒童在整個教育過程中所面臨的是啟蒙的階段。我們說啟蒙，到底是什麼東西蒙著他們呢？是整個社會的機制蒙著他們，還有就是他們的生理和心理尚未達到成人的要求。事實上每一代都是用成人的標準去看待下一代，但處於當今這個時代，人們終於自覺到其實下一代也可以教我們許多的東西，我們稱這個時代為後現代社會。

雖然這樣的社會也有負面狀況，比如說「只要我喜歡，有什麼不可以」、「一人一把號，各吹各的調」、「誰怕誰」等。但是後現代社會有一個相當重要的特質，那就是「包容」。在一個民主的社會，雖然各吹各的號，但是你對別人並不一定錯。伏爾泰曾說：「縱使我不同意你說的每一句話，但是我拚命維護你說話的權利。」這就是包容。我們的社會實現民主，給人自由，同時也必須培養包容。所以說讀書是一種修養，是人格養成，我們應該培養兒童的包容心。

二、對成人的兒童思考

我們在考察兒童哲學或思考時，多半是從成年人的角度

看問題，這個進路無可厚非，畢竟我們都是老師，有心去帶領兒童讀書。看到這次整個培訓的課程，安排了許多的活動設計、各種發問技巧、讀書方式與學習、閱讀材料與選擇等，我想這就是我們做爲一個老師或一個兒童讀書會領導人培訓的出發點。

但這只是起點而不是終點。終點是要回過頭讓我們服務的對象來教我們一些東西，我想這是相互受惠的。在這個多元化的社會裡面不是單向的傳播，而是雙向的溝通。不管是讀書會也好，或是幼教、初教甚至是將來對子女的教育方式等，這樣的互動關係很重要。也只有在這個多元化的民主時代，我們才會瞭解互動的重要。在過去強調孝道爲主的社會，父母和子女的關係非常直接。如今我們可以介紹一種新觀念，那就是「新孝道」。

新孝道不是孝順，而是孝敬。順是順從，敬是敬愛。孝敬指父母對子女尊重，子女對父母敬愛，這樣互動會對未來整個教育提供一個很好的遠景。我們常說三歲看一生，小朋友在二、三歲時的心智成長，會決定他未來一生學習的效果。如果在那時扼殺他的學習潛力，以後要學習就非常困難，尤其是在語言的部分。

我們應該試著去體會，我們是怎樣被人家教的，若在我們身上看不見顯著效果，就必須想到也許過去的教育方式有某種偏差，那我們即不要再重蹈覆轍，好讓我們的下一代能有更開闊的施展空間。我認爲兒童讀書會若是從這裡出發，應該可以讓我們自己學到很多的東西。

生命教育的推廣

* *

壹、什麼是生命教育？

　　「生命教育」顧名思義是有關生命的教育活動。然而生死一線牽，當我們看見小學生上吊、中學生投湖、專科生縱海、大學生跳樓、成年人財殺情殺仇殺的事件一籮筐發生時，就不禁要問是不是我們的社會出了問題？可不可以通過教育來改善現狀？情況還不止於此。臨終病人需要的是安寧療護還是安樂死？墮胎是優生保健還是殺生？凡此種種，皆屬於生命教育的課題。簡單地說，生命教育是以生、老、病、死相關課題為核心的一套教育方案，它可以分為學校教育、家庭教育以及社會教育三方面來落實。

　　臺灣的生命教育的內容包括人際關係、倫理、生死學、宗教、殯葬禮儀五大項，有一部分議題接近西方國家的死亡學，傳到臺灣則稱為生死學。死亡學創立於二十世紀初的法國，四十年多前逐漸復興於的美國。當時有一些行為社會科學家——多半是心理學家、社會學家、精神科醫師——發現美國人不但諱言死亡，連學術界都不關心這個與每個人切身攸關的生活內容，於是他們便以著書立說與開課授徒的方式來從事死亡教育的推廣，其目的是希望社會大眾能夠正視死亡、尊嚴善終。

死亡教育的推行帶動了死亡學的學術研究，西方國家的死亡學大約在十餘年前傳入臺灣，被稱爲較具正向意義的生死學。如今政府積極推廣的生命教育，有一部分正是站在死亡學的學理基礎上所體現的教育歷程。而由於死亡學是一門科際學科，所以生命教育也具有跨學科的特質。一般而言，生命教育的理論與實務涉及了生命系統、生命倫理、生涯發展、生活藝術、死亡教育、臨終關懷、悲傷輔導、殯葬管理等方面，從整合的觀點來探討生與死的相關議題。

生命教育基本上可以從對死亡與臨終的關懷出發，進而產生對生命與生活有所肯定的努力。「未知死，焉知生」在此可做爲生命教育一貫的教學及研究策略，它的重要實踐即爲生命教育的推廣。

貳、如何推廣生命教育？

生命教育主要通過學校教育得以落實。過去在臺灣的生命教育大多推展於大專院校，像通識課程內的倫理學、人生哲學等科目。至於中小學生命教育的推廣，可以循序漸進地逐步實現，即在九年一貫課程的七大學習領域中，適時加入有關生命教育的材料，採行個案分析方式進行教學。等到這種融滲式教學普及後，再向上獨立成科，例如在高中職開授一些生命教育選修課程。

個案分析是一種具有啓發性的開放式教學活動，在大學中最常見於管理相關課程。教師要求學生先行分組，以對立

的姿態從事角色扮演，例如董事會與專業經理人、勞方與資方。其後讓雙方各陳己見，試圖說服對方投資或加薪。說服的過程必須理性平和，並拿出有關論據。分析辯論終究會產生結果，但不一定是標準答案。這時教師再予以評述，並提出進一步思考的可能。

中小學生的心態雖然未必達到理性的要求，但絕對可以從事思考。教師舉一些實際發生的自殺、他殺、臨終病童，甚至靈異之類怪力亂神事件做為授課主題，讓小朋友就自己所感所知暢所欲言，自其中勾勒出每個學生的思路，從而予以開導，相信比起一味說教要來得有效得多。

現實生活中每天有無數生死牽連的事件發生，在人們看來多半事不關己。然而即使是站在旁觀者的立場看，設身處地想像各種可能事態的發生卻能夠激發我們居安思危的警覺。從事教育工作的老師們，如果嘗試把這種設身處地的思考方式推己及人，讓莘莘學子也能感染到居安思危的重要，則不啻生命教育的具體落實。讓我們共同來創造這種教育的契機吧！

生命教育的批判與建議

❄ ❄

壹、寫作緣起

　　1998年初，我偶然自報端發現政府正準備推行生命教育，心想這或許跟自己在大學裡的教學、研究與社會服務責任相互呼應，遂積極投入參與。其後數年間由於有九二一大地震的震撼，生命教育持續成為政府既定政策的一環，足以與性別平等教育等量齊觀。繼1997年「教育部兩性平等教育委員會」成立後，2000年「教育部推動生命教育委員會」的設置，象徵著生命教育符合時代社會的需要，可長可久。

　　我這篇文章是以個人在過去幾年投入參與生命教育的經驗，對行之有年的生命教育提出批判，做成建議。在此必須說明兩件事。第一，文章所討論批判的對象乃是政府所推動且具有特定時空背景和意義的生命教育。第二，生命教育大多強調體驗活動而少主張學理講授。因此文章也不打算以論文形式出現，改以體驗的陳述、引申與分享。總之，我的文章是對自己在過去參與生命教育活動的一個階段性總檢討。檢討自己，也批判政策，希望有助於這項教化活動的順利推廣。

貳、生命教育的理念：理論面

本篇文章分成兩部分來探討生命教育問題：政府在推動時所秉持的「理念」部分，以及在執行時所面臨的「實際」部分。而每一部分又可分為兩方面來檢討批判：「理論」方面與「實務」方面。

首先讓我們從理論面來考察生命教育的理念。在此要釐清的是，生命教育理念並非來自純理推論，而是來自實際應用。因此一上來教育主管當局所提出的即是一套應用性理論，而非抽象理論。從某個角度看，這無寧是件好事。理論緊密貼近應用，方不致掛空。

生命教育在1998年秋季一起跑便備受矚目，因為一開學就發生了「廖曼君事件」。廖曼君是一名臺中女中的資優生，由於家庭和感情雙重因素跳樓尋短，她的男友接著也投河自盡。省教育廳長希望推行生命教育以亡羊補牢。當時生命教育已自全省國中一年級開始實施，此刻老師手中只有一本臺灣省政府教育廳倫理教育推廣中心印製、臺中市曉明女中倫理科教學研究會編輯的《臺灣省國民中學八十七學年度生命教育教師手冊》可資運用。

生命教育一開始就需要處理學生自殺防治的問題，其理論架構卻是借用一所天主教女子完全中學行之有年的倫理教育經驗與材料，不能說不對不好，但終究難免不足因應。如果倫理教育即是生命教育，那麼從國小的「生活與倫理」到高中的「公民」課，不正是標準的生命教育嗎？

參、生命教育的理念：實務面

　　既然生命教育不屬於正規課程，那麼在政府大力提倡下，又將它置之何處呢？當時的規劃是一學期實施七至九堂課，其中體驗活動至少要有四堂課，可以利用輔導課或課外活動時間來講解和實作。平心而論，一學期七、八堂課幾乎可說是聊備一格、聊勝於無，但是主事者的良法美意，仍然值得肯定。尤其是生命教育的設計以體驗活動為重，打破了傳統講授式教學的窠臼，應該大有可為。

　　在《臺灣省國民中學八十七學年度生命教育教師手冊》中，主事者規劃了國中一年級的課程，包括上、下學期共兩個單元：欣賞生命、做我真好。在教學設計中，把讀書、討論、體驗、分享融會貫通，算是相當用心的設計。而在正式實施前，還舉辦了幾次研習活動，讓國中校長、教務主任、訓導主任、輔導主任，以及級任導師等行政主管和教師，實地去演練操作一番。同時還規劃了一些核心學校，以培育種子教師。一切教學實務規劃彷彿俱已齊備，只可惜實施一年後便無以為繼。

　　問題出在精省效應上。生命教育的理念原本出自省教育廳，因此北、高兩市自始便置身事外。1999年中政府精省後，省屬單位業務歸併中央，生命教育成為新成立的教育部中部辦公室大小業務之一。在百廢待舉、千頭萬緒中，已經展開生命教育的許多國中、高中、高職深感無可適從。最直接感受到的即是上面指示要辦研習活動，經費卻遲遲不撥下

來。這種情況在九二一震災後變得更形嚴重。

肆、生命教育的實際：
理論面的批判與建議

　　九二一大地震的發生，對生命教育的推行既是危機也是
轉機。因為政府在救災善後之餘，想到了心靈重建的重要，
然後把這項任務放進生命教育之中，使得生命教育一時又變
得熱門起來，主管機關也由中部辦公室轉到訓育委員會。這
個轉變意味著生命教育實施範圍的擴大，以及主管權責的提
昇。2000年「教育部推動生命教育委員會」組成設立，生
命教育納入學校教育正式環節，從小學到大學十六年一以貫
之，而且全國一體適用，情勢看似一片大好。

　　但是當我們冷靜地從理論面考察生命教育實際的發展，
就會發現它的局限。2000年3月在輔仁大學所舉辦的「生命
教育與教育革新學術研討會」上，當時的教育部次長應邀講
話，前省教育廳長出席指導，許多與天主教淵源深厚的學者
發表論文，頗有誓師大會的味道。不久「推動生命教育委員
會」組成，部分參與研討會的學者列名其中，成為推動全國
生命教育的核心成員。2001年1月，報上登載了一則新聞，
指出有學者抱怨生命教育沾染太多天主教色彩。結果是政府
出面澄清，強調委員會成員尚有偏向佛教的重量級學者云
云。這番抱怨和澄清其實都混淆了焦點，因為政府官員和主
事學者，大多沒搞清楚或者不願意講清楚到底生命教育為

何。

　　生命教育其實是一個十分含混的概念，比起性別平等教育的清楚界定模糊許多。也正是因爲這種範圍上的含糊，使得許多人可以各自表述，各取所需。依我過去數年的接觸與觀察，生命教育其實無甚新意，只是「生命」二字帶有極大的正面意義和光環效果，使得許多人趨之若鶩，以爲是解決年輕人困擾和社會亂象的萬靈丹。殊不知此二字就像安慰劑，能振奮人心於一時，卻無長遠療效。就以生命教育先後兩大任務自殺防治和災後心靈重建爲例，能產生立竿見影效果的應該是較爲具體的死亡教育和危機處理教育，而非模糊含混的生命教育。

　　記得有位擔任「推動生命教育委員會工作小組」成員的學者告訴我，他曾以「死亡教育」爲名送了一份研究案給教育部申請補助，結果被打回票。左思右想終於悟出大概是題目有問題，於是改以「生命教育」爲名原案照送，果然順利通過。這就是名相包裝的妙用。「死亡」二字讓人望而生畏，「生命」一辭卻令人振奮。然而我們若仍舊連死亡都諱言避談，自殺防治恐怕根本無望。改善之道呢？在理論方面我有如下建議。

　　第一，直指人心，明心見性──教育主管當局不能再規避問題，應當擇名以實，使得名實相符，才好順利推動教化。譬如把生命教育依其不同任務性質區分爲死亡教育、倫理教育、危機處理教育等，如此推動起來方能具體落實。

　　第二，百花齊放，百家爭鳴──廣義的生命教育不必限

於一家一派之言，尤其不應經常與宗教信仰相提並論。臺灣大部分年輕學子都不信教，或相信所謂「睡覺」。面對如此Ｅ世代，理當儘量培養他們對多元價值的認識與包容，而非只教之以傳統價值觀。

伍、生命教育的實際：實務面的批判與建議

我並非不喜歡「生命教育」此一名稱，只是覺得它較為空洞，不著邊際。過去我曾為文指出，「生命」有名詞與形容詞兩種用法，在重要的教育活動上不可混用，而應確實界定清楚。否則連生命科學領域的專門訓練，都拿進來充做生命教育，那就真的至大無外了。廣義的生命教育其實近於生活教育或人生教育，在這一層上它倒相當接近倫理教育。

以我個人長期從事大專院校教學工作經驗而言，應用倫理或是人生哲學之類課程已經講授多年且樂此不疲。講授內容更涵蓋政府所提倡的生命教育與性別平等教育。如今若要另立名目介紹類似主題，對我或對許多老師來說，恐怕都是多此一舉。於是我們不禁要問，從實務方面看，生命教育在實際作法上，到底要如何推動實施，方能獨樹一幟，不致重蹈覆轍？

回到事情的源頭上去看，當初省教育廳正有意把曉明女中的倫理教育推行到所有省屬國中、高中、高職裡去，正巧遭逢廖曼君事件，促使以「生命教育」為名的倫理教育必須

發揮亡羊補牢的作用。問題是遠水救不了近火,從「欣賞生命」談起,要達成自殺防治效果不免迂迴,還不如直接了當切入主題,向學生介紹死亡的真相與自殺之種種。可是這麼一來恐怕許多校長會緊張,而家長們也會群起抗議了。

　　災後心靈重建的教育也是一樣,談生死之無常太過抽象也不切實際,反而教導學生如何規避風險做好危機處理才是正途。亡羊補牢不如未雨綢繆,地震來了往那兒躲是最關乎緊要的,能躲過一劫的人方有資格談論死生無常。人者心之器,但是我們必須通過心靈以妥善安頓自己的身體,否則人生便無從著落,心智的功能也就難以發揮了。

　　放在特定的時空脈絡裡面看,生命教育的順利推行,多少也受到一些有利因素的影響。兩任教育部長都是心理學者,對生命教育抱持高度肯定態度,推廣起來亦不遺餘力。前任曾部長在上任後不久便訂定2001年為「生命教育年」,且編列預算連續四年大力推動。在他的區分認定下,生命教育已經呈現出較為具體可行的內涵。

　　曾志朗曾在不同場合公開表示,生命教育至少應朝五個方向開展:人際關係、倫理、生死學、宗教、殯葬禮儀。這五個重點項目應可視為生命教育在理論與實務兩方面足以充分開發的題材。必須強調的是,政府積極提供的生命教育其實在目前只及於學校教育,而且限於從小學至大學十六年間,幼兒園與研究所並不包含在內。就上述五個項目而言,國小、國中、高中職、大學四級學生的需求並不盡相同。

　　聽說最近已有學者針對不同層級、不同課題開始撰寫教

科書，這或許是一個好的開始。對於生命教育的實務面，我建議教科書的撰寫一定要廣納眾議，慎重其事，而且理論建構一定要紮實。這點最好參考同樣也是政策導向的性別平等教育的作法。性別平等教育的理念，乃是建立在批判主流價值的觀點上，由此開出自家的多元價值觀點。生命教育要想獨樹一幟，理當從批判傳統價值對「生命」的迷思開始。大破而後大立，擁有清明的理性和關愛的感性，方能真正實現愛生惜福的理想。

陸、生命教育再思

生命教育實施有年，從地方政府的自殺防治政策，提昇為中央政府所提倡的對人生整體關懷與把握，可說已經做出良性的擴充。然而由政府所推動的政策畢竟有其時空上的局限性，譬如由政府訂定中程計畫，編列四年預算大力推動，但四年一過，若遇上主事者人事更迭，這麼大的活動是否就此煙消雲散，成為明日黃花呢？回顧過去國家各種政策的推行，此種情況的發生的確不無可能。但是站在教學第一線的老師們，是否覺得生命教育所介紹內容既有意義又有價值？如果答案是肯定的，我們為何不嘗試把外在政策推行的生命教育轉化為內在終身學習的生命教育呢？

生命教育重在體驗與實踐，其實人人都可以自行開發一套自學方案，隨時隨地進行自我教育，並由此推己及人。像我們身為教師，無論講授什麼課程，只要對生命、生活、生

存有感而發，不妨將之融滲於所學所講，如此多少對自己、對學生都會產生潛移默化的效果。像我過去無論在高職、專科、大學或研究所任教，生命教育的材料一樣可以融會貫通。我的作法是把生命教育分成上游的「生命倫理與教育」和中游的「生命教育與管理」兩部分來發揮；前者重概念釐清，後者重資源配置。等到學生具備完整認識後，接著便是下游的體驗反思與躬行實踐了。

平心而論，生命教育不待政府來推動，本身便十分迫切而重要。人既無逃於天地之間，就需要學習如何頂天立地。生命教育正是教導我們如何頂天立地的「生命的學問」。

殯葬學術與殯葬管理

●●●●●●●●●●●●●●●●●●●●●●●●●●●●●●●●●●●

壹、殯葬學術

一、殯葬活動

（一）歷史變遷

　　本篇文章介紹殯葬學術與殯葬管理，這是一系與死亡息息相關的學問。人只要出生就難逃生、老、病、死，如今研究衰老有老年學，探討疾病有醫學，處理死亡則有殯葬學。死亡是生命的終結，動物死亡只有曝屍荒野的份，人卻會為同類妥善料理後事。

　　殯葬在歷史上是一種相當久遠的文化活動，殯葬活動最早可追溯到尼安德塔人，考古學者從他們的遺跡中發現有墳墓的形式。這說明了人類會將亡者安頓在特定的處所。在很長的時間裡，人們處理家屬遺體是天經地義的事。直到最近兩百年，工業化促成都市化，人從鄉間移居城市，亡者的後事逐漸交由他人處理，形成專門從事此道的行業，殯葬管理也就應運而生。

　　時至今日，殯葬已經成為一項專業活動，先進國家對此大多設有證照制度，教育訓練的過程也相當齊備。以美國為例，全國禮儀師協會自1882年即已成立，並開始頒授證照。同年辛辛那提殯葬學院創校，教導遺體防腐處理課程。

反觀臺灣，同業公會雖早有設置，學校裡的教育訓練卻遲至1997年才正式出現。對於人生最後歸宿的相關活動，實際操作部分雖然不少，但是系統化的知識累積和制度建立卻不夠多不夠快，有待產業界、政府及學術教育界共同努力改善現狀。

既然美國在這方面比我們進步百餘年，他山之石，值得我們取法之處應該很多。殯葬學術師法美國，是其來有自的。美國的殯葬學術相當務實，它是從遺體處理著手。遺體處理包括清洗、冷凍、防腐、美容、入殮、殯儀、安葬等項。都市化以後喪事不是自理而是外包，有專人負責。殯葬在美國最初只是製造棺木或運送遺體業者的副業，後來發展成專門行業。

殯葬業者提供停放遺體和瞻仰儀容的場所，並從事防腐技術。防腐技術的進步端賴解剖學、醫學和化學的發展，這些都在十九世紀有所突破。至於後續的殯葬部分，也由葬儀社一切包辦。在工商業社會人際關係逐漸疏離的情況下，人們只有在葬禮前後數日間對亡者表達哀傷追悼之意，其餘便留給遺屬默默承擔。死亡遂由傳統的社會事件，轉變為現代的個人事件。

（二）殯葬功能

現代社會中，殯葬已形成為不可或缺的專門行業。它在美國可以稱得上是專業或半專業，但是在臺灣充其量只能算是一門行業。但無論是專業還是行業，因為殯葬具有安頓人

生歸宿的特殊性質，所以理當是一種作功德的志業，就像醫療和護理一樣。殯葬活動至少具有五種功能，即是生物、心理、社會、倫理和靈性功能。

殯葬的生物功能主要指遺體處理。亡者以去世體現了生物機能的終止，身分雖從活人轉變為遺體，但是做為一個人的位格卻從未喪失。遺體被慎重處理、妥善安置，有時甚至長期供人瞻仰。這是在身體永遠無法活動的情況下，盡可能保持它的生命意義，而非僅止於一個無生命的物件。

殯葬的心理功能主要指悲傷調適。悲傷是人的正常情緒反應，但是在現代社會中並不鼓勵公開表達悲傷情緒。殯葬活動適時提供人們表示哀慟的管道，藉以將悲傷合理化。此外，葬禮反映出人們都不免一死的真實情境，不時為人們進行心理建設，藉此反思生命的意義。

殯葬的社會功能主要指角色調整。死亡意味一個人從社會的一份子轉變為往生者，所有的權利義務就此告一段落，同時進入「蓋棺論定」的階段，接受來自社會的最後評價。從另一方面看，除了公眾人物外，個人死亡已經窄化為只與家人、親友有關的事件，一切隨俗的結果，印證了現代社會疏離感日深。

殯葬的倫理功能主要指慎終追遠。中華文化樹立了五倫的架構，其中父子、夫婦是現實人生中最重要的兩種人際關係。喪親、喪偶可謂人倫重大變故，必須慎重其事，以示對至親追思與尊重之意。莊嚴肅穆的葬禮正是對親人的最後告別，祭祖與掃墓則意味香火延續下的反哺報恩。

殯葬的靈性功能主要指終極關注。宗教對人的生命，必須表現出終極性的關注。任何一個宗教系統如果無法對生前與死後之事，提出一套圓滿的說法，就不容易取信於人。也因此喪禮多半是以宗教儀式進行，將往生者的信仰呈現爲具體的宗教活動，通過儀式將宗教的關注與亡者的信仰加以結合。

二、殯葬教育

（一）課程設計

　　殯葬是一門傳統行業，要想跟上「知識經濟」時代的腳步，轉型爲服務性專業，唯有通過教育訓練始能爲功。美國殯葬教育發展至今，在專業人力資源的教育訓練上，以二年制及四年制學院爲主，頒授副學士及學士學位，相當於臺灣的專科學校及大學畢業水平。

　　考察美國殯葬教育的目的，主要爲培訓兩類人才：科技方面的技術士、管理方面的禮儀師；前者主要負責遺體處理，後者則以殯葬行政管理和服務行銷爲主。由於殯葬教育只到學士層級，所以課程設計並未作分化，而是一體適用。換言之，科技與管理無所偏廢。

　　殯葬教育的課程類型可以分爲四方面：

> ・健康科學——解剖學、病理學、護理學、微生物學、公共衛生學、死亡化學、防腐學、遺體美容學等。

・管理科學——會計學、統計學、管理學、資訊管理、行銷管理、人力資源管理、服務業管理、中小企業管理、風險管理、災害管理、殯葬管理等。
・社會科學——心理學、輔導學、社會學、社會工作學、老年學、自殺學、法律學、經濟學、民族文化學等。
・人文學——倫理學、宗教學、死亡學、禮儀學等。

由這四項類型課程可以看出，殯葬管理學具有豐富的科際整合性質。這使得受過殯葬教育訓練的人擁有許多就業機會。

殯葬專業人才可以進入的領域包括殯葬服務、殯葬產品、墓園經營、防腐技術、醫事技術，安寧療護、悲傷輔導、靈車租賃等，這些都涉及人在走向生命盡頭所面臨的相關活動。在人都不免一死，且死者為大的前提下，殯葬從業人員實際上所從事的正是一種功德事業。

（二）科際整合

從科際整合的觀點看，殯葬學最恰當類比的學科乃是護理學。也唯有效法護理專業的革新歷程與決心，殯葬方能轉型為一門專業。現代護理學以1860年南丁格爾創辦護士訓練學校為始點，殯葬學則緣起於1882年美國第一所殯葬學院的設立。由於護理從業人員絕大部分為女性，因此長期受到性別偏見影響難以突破。經過將近百年的奮鬥，護理界終於找到切入點，那便是提倡研究以躋身科學知識之列。

1952年學術期刊《護理研究》在美國創刊，標幟著護理科學的起步。自五〇年代至八〇年代，護理研究追隨主流醫學科學的研究途徑，強調量化研究。八〇年代以後，護理學受到女性主義自我覺醒和人文主義整體觀點的激勵，開始走向非主流的質性研究途徑，學科主體性自此逐漸建立。

　　護理學科主體性的建立並非劃地自限，而是科際整合。護理研究的具體成果之一是形成許多護理理論，其最大特色即是由向其他學科借用理論逐漸發展為開創自家理論。如今護理理論已展現出相當豐富的多元面貌，這正是殯葬學最需要學習之處。殯葬學在實務面的操作性甚強，但在理論面卻相對顯得薄弱。如此將使得殯葬學的學科主體性無法有效建立，更遑論學術地位了。

　　當美國各大學紛紛設立護理學博士班，護理學者已有人當選國家科學院院士之際，殯葬業者卻仍被人們投以異樣眼光，而殯葬教育訓練最高也只達學士學位。這種情況與半個世紀前的護理學十分類似，改進之道即是效法護理學向知識學問轉進。護理學由自然科學向社會科學整合，走向海闊天空。殯葬學原本就具有人文學與社會科學整合的性質，只要在理論的紮根的功夫上多所著力，必能有所表現。殯葬理論若朝生命禮儀方面開發，應可收到豐碩成果。

三、生命禮儀

（一）結婚儀式

生命禮儀是「人之異於禽獸」的外爍表現，它與人類特具「四端」的內斂自覺，共同構成人文化成的豐饒世界。今日存活於世界上的人類種族各異，民族繁多，但是人類學者卻在異中求同，找出一些共同的文化結構，也就是相仿的生命禮儀。有三種禮儀幾乎存在於每一個民族的風俗中，那便是婚禮、喪禮以及祭禮。婚禮標幟男女結合以孕育生命，喪禮表現人生圓滿而告一段落，祭禮則是祭祀天、人、地三材的宗教性儀式。在此介紹大家最常接觸到的婚禮和喪禮。

用最通俗的眼光看，結婚是一個人「成家立業、生兒育女」的開始。當人類想孕育下一代時，不會像原野裡的獸類，到了發情期便以氣味相投而就地交尾。人們設計了一些繁文縟節，用以認定男女可以合法婚媾，一方面固然是文化的儀式，一方面也是演化的體現。

後者可以這樣說：當人類像動物一樣沒有亂倫禁忌時，近親交配很容易產生條件不佳、適應不良的後代。這些條件較差的人，會在天擇的機制下被環境淘汰，剩下的大多為非亂倫所孕育的子女。當初民文化由這些沒有亂倫的人類後代所建立，亂倫禁忌自然形成為古早文化的一部分。

亂倫禁忌打破了線性血緣關係的內婚制，開啟了交織親族關係的外婚制。一但外婚，就必須到別的族群裡去找配偶。而遠古時期人類各部族並非和平相處，因此出現搶婚的

習俗。搶婚並非正大光明之事，需要用陰暗的天色作掩飾，「婚」字正是出自日落黃「昏」行禮如儀之義。雖然後來男婚女嫁成爲天作之合的美事，但是傳統迎親的隊伍如同出征的陣仗，仍可看出搶婚習俗劫掠的餘緒。

「婚」出自「昏」還有另外一種解釋，即是以黃昏爲日夜交會之際，象徵著陰陽交合。但這種解釋即使有道理也帶有性別偏見，人們會質疑爲何取「陽入於陰」的黃昏而非「陰入於陽」的清晨。此外對女性而言，「嫁出去的女兒，潑出去的水」，婚禮上新娘的及膝蓋頭與喪禮上亡者的方巾覆面，其實具有同樣「大死一番」的意義。

（二）喪葬禮俗

婚禮與喪禮都具備「身分轉換」的功能。通過婚禮表示一個人由單身到成家，開始背負一定的教養責任。通過喪禮表示一個人由現世到來世，開始另一階段的生路歷程。喪禮大多以宗教儀式爲之；事實上，殯葬活動幾乎與宗教信仰脫不了關係。而任何宗教系統，很少沒有對人死後去處或來世有所許諾的。

初民社會多半相信靈魂不滅，死亡並非生命過程的結束，而是生命形式的轉換。正是基於這種信念，喪禮才顯得有意義。時至今日，雖然科學無法證實靈魂之說確有其事，但是在人類共通的情感中，認定人沒有過去和未來不免遺憾。這或許正是科技昌明的時代裡，宗教同樣興盛的原因。

喪禮基本上是安頓亡靈的禮儀，與宗教的承諾密切關

聯。宗教的原始教義反映了一個宗教系統的生命觀與死亡觀，殯葬禮儀便是根據這些觀點而設計的。

佛教認為人死後靈魂脫離身體去投胎轉世有一段過渡時期，稱為「中陰身」。應以助念令其尊嚴往生，不可搬動哭泣，以免陷其於貪瞋執著。七七四十九天超度亡魂也是同樣用意。

道教則立道場設壇祭拜神明，主要請上清、太清、玉清等三清大帝作主，助陰魂還於體魄，重獲新生。道教也有作七之說，但其認為人有三魂七魄，人死七日散去一魄，七七四十九天七魄散盡，必須藉道法修煉形魄，以免其孤苦無依。

基督宗教則是把死亡當作存有的缺失，是人之有限性的必然表現，而非上主的設計。當身體死亡後，靈魂回歸上主身邊，不生不滅。至於身體部分，受到耶穌基督道成人身的啟示，也有復活的可能，因此基督宗教傾向採行土葬。

生命禮儀自古至今並非一成不變，而是與時俱移的。此外民族文化的交融，也使得傳統的婚禮、喪禮有所變遷。大凡儀式活動形成為一種禮數，可說是已經定型了。在未定型之前通常只是流行的習俗。習俗有高尚低劣之分，臺灣的喪禮引人詬病之處甚多。雜揉古今中外各種禮俗，卻只見混合而不見融合。乍看之下彷彿後現代資本主義的拼貼呈現，仔細觀察仍不脫前現代農業社會的餘緒雜燴。要想移風易俗，唯有期待殯葬學術對生命禮儀作出去蕪存菁的努力了。

四、殯葬文化

（一）科學說明

　　從學理上看，殯葬活動可視爲一種文化。「文化」是人類學的核心概念，在它的西方字源中有「耕作」的意思，漢字則蘊涵「人文化成」之旨。無論東西方觀點，「文化」都是相對於「自然」的。我們甚至可以認爲，文化是人類生活的獨到表現，其他物種均無此特徵。

　　一般而言，文化分爲三個層面：觀念層面、制度層面、器物層面。以殯葬活動爲例說明：當人們有善待亡靈的念頭出現時，便會設計一套處理遺體的活動，從而形成具體的墓葬設施。由此可見，殯葬文化有具體和抽象之別。至於對殯葬文化的考察，學理上則可分爲科學說明與人文詮釋兩方面。

　　在對殯葬文化的科學說明方面，主要以社會科學觀點作現象考察。較常見的是對行爲面的探究，少有從經濟面進行分析。以下即介紹經濟學者陶在樸在其《理論生死學》一書中所提出的「死亡計畫」概念，以及對殯葬業發展的分析。

　　陶在樸指出，無論經濟景氣如何變動，殯葬業的需求大致是確定的，因爲它取決於死亡人口的變化。而在各種預測中，人口預測的誤差一向較少。因此只要掌握未來死亡人口的成長波動趨勢，就可以預測殯葬業的景氣循環。死亡在此不只是個人遭遇，更是群體現象，它反映在人口的消長上。

　　今日世界有一種隱憂，存在於許多人心中，那便是開發

中國家的人口快速成長，已開發國家人口卻呈現遲緩停滯之勢。其實自二十世紀五〇年代，針對全球人口控制的家庭計畫即大幅展開，至今已經起到一定作用，才沒有使人口問題提前引爆。時下先進國家的人民不但擁護家庭計畫，更提倡死亡計畫。死亡計畫是對生命禮儀和死亡消費的規劃。像購買保險一樣，事先規劃身後之事，將可減少死亡對家庭的衝擊。

陶在樸根據政府公布的家庭收支調查報告作出分析，發現中下階層家庭若採用土葬，所需費用將超出全年扣除基本開銷後可運用所得一半以上。即使選擇火葬，也要花費全年半數可運用收入。美國中下家庭的喪葬支出則僅占家戶年均可運用收入的三分之一。由此可見臺灣的喪葬費用偏高，值得有關單位重視，並尋求改進之道。站在殯葬管理學立場看，改善之道便是推行殯葬管理。

（二）人文詮釋

殯葬文化的發展不是線性成長的，而是迴旋揚昇的，呈現出辯證的態式。先民對亡靈的敬畏，產生殯葬禮儀和禁忌，形成喪葬器物和景觀。在歷史進程中，不同族群信仰的匯流，促使儀式和器物益加繁複。今日臺灣漢民族的喪葬禮俗，正是這種辯證發展的最佳寫照。任何一個民族的殯葬文化，除了可以自現象上從事科學分析外，還得以就意義面進行人文詮釋。意義詮釋乃是對表面現象的裡層本質加以發掘考察，屬於哲學性推理思考。

依照民俗學者鄭志明對臺灣喪葬儀式所作的人文意義詮釋，臺灣殯葬活動體現了漢民族鬼靈崇拜和祖先崇拜的信仰文化，可以歸結爲「引鬼歸陰」和「祭祖安位」兩種途徑。漢民族是世界上人口最多的民族，其歷史文化也極其悠久。長期以來所醞釀的集體意識影響深遠，對往生者所抱持的態度，演變流傳至今，即成爲我們周遭的殯葬文化。

漢民族認爲人死爲鬼，鬼有善惡之分。惡鬼由未得善終者所變，孤魂野鬼到處作祟，遺害人間。善鬼大多屬壽終正寢者，受子孫祭拜，成爲護祐家庭的祖先。人們對待惡鬼多半敬而遠之，不得以乃採懷柔方式設立陰廟祭祀之，冀望成爲保衛鄉土的地祇。其餘仍願其順利安抵陰間。

「引鬼歸陰」的前提是人鬼殊途。人居於陽界，鬼住在陰間，彼此各守其位，便能相安無事。問題是鬼由人變化而來，面對此一轉型過程，人們充滿了恐懼。人不但怕死，更怕死人。繁複的喪葬儀式，可說是活人用盡辦法把死人送走，送上不歸路，永不返來。這些儀式主要通過宗教儀式進行。佛教、道教的科儀，加上民間信仰的法事，雖然予人紛雜的感受，但在其精神深處，仍是傾向人本的。站在人鬼二分的基礎上。「引鬼歸陰」多少具有一些素樸的人文意義。

相對於「引鬼歸陰」的素樸格局，「祭祖安位」便多了一份精緻風貌。事實上人們在這方面的心理是有些矛盾的。活人一方面行禮如儀把死人送走不願亡靈返來，一方面卻又緬懷曾經相伴的親人願其庇佑後代。爲化解亡者是至親的矛盾心理，乃有設立神主牌位安置祖先亡靈的權宜之計。喪禮

在此延伸爲祭禮，逢年過節不忘祭祖。祖靈被奉迎回家稱
「返主」。送葬是喪事，「返主」卻是喜事，愼終追遠的人文
精神盡在其中矣。

貳、殯葬管理

一、殯葬行業

（一）組織管理

　　無疑的，殯葬業至今仍是一門引起猜疑、受人爭議的行
業，人們甚至會有意無意地予以污名化。殯葬業者經常被人
貼上標籤，敬而遠之，理由無他，因爲他們涉入了人心最大
的禁忌——死亡。其實醫師、護士這些專業人員也是不時面
對死亡，軍人、警察更是出生入死，然而大家卻對醫護、軍
警人員有所尊敬、樂於親近，反而對於必然要爲大家服務、
料理人們後事的殯葬業者不敢恭維，這實在是一件說不過去
的事情。

　　問題出在那裡？有人指責殯葬業者「賺死人錢」不道
德，九二一大地震後更時有所聞，業者卻不免叫屈：「我們
也要生活啊！」看來業者跟消費者之間存在著不小的認知差
距。要彌補其間鴻溝有一個辦法，那便是推行殯葬管理。

　　國人並不是沒有這方面的觀念，像臺北市政府社會局下
即設有殯葬管理處，掌管相關行政事宜。而各地方政府設立
的殯儀館，近年內也紛紛改名爲殯葬管理所。許多大型業者

更是強調企業化經營，以通過國際標準認證來落實品質管理，更以股票上櫃上市來廣納社會資金。一時之間殯葬業的地位彷彿已大幅改善，但是事情其實沒有那麼簡單。

殯葬業要從一門行業提昇為專業，教育訓練過程和專業證照頒發不可或缺。目前像餐飲、旅遊、美容、美髮等行業，都因為具備教育管道和證照制度而不斷向專業境地邁進，殯葬業卻仍予人良莠不齊之感。改善辦法是以國外專業的技術士、禮儀師為仿效指標，在考量本土的條件和需求下，結合產、官、學界的力量，於一定期限內，同步推展教育訓練和證照制度，逐漸使相關業者的服務水平達到專業標準。

從服務的功能看，殯葬活動理當和醫療、教育、宗教等活動一般，納入非營利組織加以管理。非營利組織並非不計成本、不考慮營收的，而是不純然以營利為目的，不以獲利論成敗的。非營利組織較營利組織更強調使命的重要，也就是提出以服務為目的的長遠之計。就像營利組織的企業主理當為其員工提供願景一樣，任何組織都應該進行策略規劃，從事策略管理。

（二）策略管理

管理學者司徒達賢認為，策略管理是組織管理整體決策與資源分配的最高指導原則，其分析角度具有全面性與前瞻性。策略乃是指組織型態，以及在不同時期間型態改變的軌跡。用最簡單的話講，事業主通過策略思考，可以達成如下

認識：

 ‧組織目前是何種型態？
 ‧未來希望發展成何種型態？
 ‧為何要朝向未來型態發展？
 ‧如何使組織發展成未來型態？

　　以殯葬業為例說明。一家公司目前可能屬於地方性業者，主要經營納骨塔和墓園。在策略規劃下，三年後希望服務據點普及全臺，並以公辦民營方式接手殯儀館，同時向後整合經營養老院、安寧院。六年後計畫涉足保險業、醫療業，並將事業範圍擴充至大陸及海外華人地區。萬丈高樓平地起，一項事業從目前的型態發展成將來的型態，既非一蹴可幾，也不是閉門造車得以達成，而是必須經由策略規劃來加以落實的。

　　管理有五大功能，即規劃、組織、任用、領導、控制，規劃在組織管理中起到帶頭作用。管理學者吳思華指出，策略規劃最簡單方式即是運用內部與外部分析。所謂內部與外部分析，指的是對組織內部的優勢和劣勢，以及組織外部的機會和威脅進行分析。策略規劃一方面要在本身創造競爭優勢，消弭經營劣勢；一方面也要對環境掌握發展機會，規避事業威脅。

　　同樣以殯葬業說明之。一家公司採取企業化經營路線，通過國際標準認證，落實全面品質管理，相對於傳統葬儀

社，已具備競爭優勢。但在實際經營中，組織內部從業人員教育程度不齊、專業能力不足、流動性大，均為造成事業不穩定的因素。然而隨著國人觀念日漸開通，已能接受生前安排後事的作法，為業者帶來無限商機。不過當臺灣加入世界貿易組織後，外國業者挾其長期豐富經驗加入市場競爭，無疑是不可忽視的威脅。

總之，在一個強調知識經濟的時代，殯葬行業必須轉型為殯葬專業，方能永續發展。事業轉型成功與否，端賴落實組織管理，而實施管理理當從策略規劃做起。有了概念面的全盤規劃後，技術面的細節改善始有依據。

二、殯葬業務

（一）殯葬服務

殯葬業是一門服務業，過去一般將殯葬服務分為三個階段：殮、殯、葬，如今管理學者王士峰主張，殯葬業創造價值的主要活動應該包括五項：緣、殮、殯、葬、續。現在簡單介紹如下：

- ·緣：與客戶建立緣會關係以推動生前契約。
- ·殮：客戶往生後的遺體接送與處理。
- ·殯：以宗教儀式為往生者致哀及奠祭。
- ·葬：為遺體進行土葬、火葬或海葬。
- ·續：對家庭作悲傷輔導及掃墓安排等售後服務。

由這種服務範圍的擴充可以看出，將殯葬管理概念運用於傳統行業前後的差別。由於國人忌諱死亡相關事物，並對殯葬行業多少有些排斥，因此傳統業者多半採取等待客戶上門的消極態度。後來在激烈競爭中，業者遂與執法人員和醫療機構掛鉤，於當事人往生後，甚至臨終之際，強烈向家屬爭取生意，此不免予人「搶死人」之感。

　　如今有規模的業者則在殯葬管理原則指引下，以類似販售保險契約的方式，主動積極向社會大眾推廣預售式的往生契約，避免讓當事人措手不及，從而無後顧之憂。此外售後服務也是新興業者的關切所在，用以建立口碑，永續經營。

　　殯葬從傳統行業改善為有所管理的事業，不應只是器物面、制度面的改革，還應該包含觀念層面的推陳出新。殯葬服務在此可視為死亡關懷的代表，以與診療為主的衛生保健、照顧為主的安寧療護、牧靈為主的臨終關懷等量齊觀、平起平坐。只有當殯葬業者在觀念上大幅更新，殯葬文化才有真正改頭換面的可能。

　　仔細區分，殯與葬原本是兩種相關但不同的上下游行業。臺灣的殯儀館因為包含火化場，為避免不法情事涉入，所以多屬公營。私營以葬儀社為主。早先公共墓地亦多為政府所有，納骨塔則附設於寺院廟宇之內。近年大型業者合法取得用地，掌握墓葬資源，再回頭經營殯儀業務，形成殯葬一元化。在美國，百分之十五的殯儀和百分之二十五的墓葬業務由三大殯葬公司所擁有。其中最大一家曾兩度來臺發掘商機，值得本地業者未雨綢繆，及早尋思對策。

（二）殯葬設施

殯葬文化的改革包括觀念、制度、器物三層面。觀念要新有待教育落實，制度要新有待法令齊備，器物要新有待資金充裕，三者且有相輔相成的關係。以器物層面的更新為例，國人經濟條件逐步提昇後，對福衣壽具都開始有所講究。近年有殯葬業者舉辦新潮「福」裝秀，也有人引入進口壽具，無不希望帶動流行風氣。不過真正引人注目的乃是殯葬設施的改良。

殯葬設施指的是與殯葬相關的硬體設施，屬於器物文化層面，大體包括殯儀館、火葬場、納骨塔、公墓四類。其中火葬場因為避免有焚屍滅跡之類不法情事，所以未開放民營，其餘三類公私兼具。但無論公營私營，其最大困難問題即是土地取得。由於〈都市計畫法〉規定殯葬設施「應在不妨礙都市發展及鄰近居民的安全、安寧與衛生的原則下，於邊緣適當地點設置之。」因此即使殯葬活動基於人都不免一死，而與大眾生活息息相關，卻也必須「靠邊站」，被放逐至荒郊野外。

排斥殯葬設施所反映的正是一種社會運動，此即「鄰避運動」。時下國內許多抗爭活動，都屬於這種運動的一部分。社區或地方居民除了會對殯葬設施加以反對外，還會對垃圾掩埋場、焚化爐、發電廠、飛機場、屠宰場、加油站、瓦斯槽等公共設施的安置表達不滿，甚至激烈抗爭。但是大多數人都不會反對與公園、醫院、學校、文化中心等設施或

機構為鄰。

殯葬設施給予附近居民不良印象其來有自。因為過去大家都沒有殯葬管理的觀念，以致各行其是，雜亂無章。地政學者賴宗裕和邊泰明針對臺北縣五股鄉殯葬專業區進行內部與外部策略規則分析，得出五大課題：

- 交通條件不佳。
- 亂葬情形嚴重。
- 公共設施不足。
- 景觀環境不佳。
- 經營理念有待加強。

這些課題其實可以用於全國各地的殯葬設施加以檢討。

往者已矣，來者可追。臺北市把都市周邊的亂葬崗全部予以遷葬，原地改建公園。至於合法墓園也以七年為期加以輪葬，以解決土地濫用及不足的現象，可提供其他地區參考。

三、設施管理

(一) 土地使用

殯葬設施既然是硬體設施，必然有個著落之處，也就是可利用的土地。然而在鄰避運動的驅使下，殯葬設施安置在任何地方都可能有人反對。鄰近人群會惹人嫌，遠離人煙又造成交通不便，因此殯葬設施的土地使用的確是讓民間和官

方頭痛的問題。

　　而在法治社會中，解決問題不能靠聚眾抗爭，應該依法行事。國內現行的殯葬管理法規，只有1973年底公布施行的〈墳墓設置管理條例〉。由於在過去十餘年間，國內政經情勢、社會發展、殯葬文化等，都出現明顯變化，再加上精省效應，使得原先法規不敷使用，乃有修正之議。

　　1998年，上述條例修正草案出爐，開宗明義即提出將法規修正為〈殯葬管理條例〉，以擴大使用範圍。修正草案秉持六大原則和三項課題，來規範包括殯儀館、火葬場、納骨塔、公墓等四類殯葬設施的開發與使用。其所揭櫫的六大原則為：

- 提高殯葬行政效能。
- 健全殯葬設施管理機制。
- 加強殯葬設施管理。
- 促進土地有效利用。
- 加速公墓更新。
- 加強濫葬取締效果。

　　而其所照顧到的三大課題則為水土保持、環境保護、都市發展。

　　〈殯葬管理條例〉已於2002年中審議通過，2003年中開始全面實施，對殯葬文化革新具有正面影響。尤其是就傳統墓政的改良，更是於法有據。國人殯葬習俗講究風水和擇

日，且認為人死到陰間也不應寒酸，乃有厚葬之俗。過去墓地管理未能落實，私人墓地到處充斥，有礙觀瞻。新法一經修訂通過，將禁止設置私人墳墓。公墓則配合建立循環使用制度，並在地形劃分和墓基面積上有所規範，未來將可避免亂葬、厚葬現象。而輪葬制度或可導引社會大眾放棄土葬改採火葬，將骨骸安放於納骨塔內，無形中也可降低土地使用成本。

此外，國內近年流行預售墓基和塔位，甚至使用直銷手法預售商品，但因無法可管，導致消費糾紛不斷。今後新的條例已有防止預售土地使用之規定，將可有效遏阻不法情事。

（二）經營管理

殯葬設施除應重視土地使用管理外，事業經營管理也是重點項目。未來除火葬場仍屬公營，其餘殯葬設施均可由民間組織申請設立。近日民營的大型公墓園區和大型納骨塔紛紛設立，並不時出現在電視和車廂外廣告中，殯葬業走向企業化經營在此可見一斑。

雖然許多人都認為，殯葬業應該像醫療業一樣，不以營利為目的。但是反觀今日社會，醫院越蓋越大，許多醫院和診所浮報醫療費用，使得全民健保虧損連連。而大型殯葬設施不斷推出各式商品，令人不得不以為其中有利可圖。事實上，一般人看病或辦喪事，很少會跟業者討價還價。我們雖然寄望業者能拿出良心從事服務，但是一些消費者保護機制

的存在，應該是更有幫助的。

　　美國的殯葬業在四十年前開始受到嚴厲批評，原因就是過度物質化、商業化。消費者被廣告宣傳和業者慫恿去舉辦虛有其表的葬禮，弄得勞民傷財，怨聲載道。但是由於消費者缺乏獲取資訊的管道，以及傷神之餘無心他顧，讓業者有機可乘，消費者長期處於任人宰割的境地。直到八〇年代，情況才有所改善。

　　1984年美國聯邦貿易委員會公布一份通稱為〈殯葬法規〉的文件，要求殯葬業者儘量將商品資訊透明化。此項法規於1994年加以修正，由消費者保護局公布，其中對消費者與業者的互動有了更周詳的設計。

　　最初消費者與業者在這項法規的規範下互動有些實際的困難，譬如用電話詢問各種殯葬器物及設施內容的價格，常因情緒干擾與認知差異而有所誤會。新規定業者必須更清楚、詳細地提供相關資訊，好在近年網路普及，消費者可以在不受干擾的情況下，更有效地取得充分的資訊。

　　面對消費者保護聲浪四起，殯葬業者在從事經營管理時，應該把消費者的需求列為重要考慮項目，積極主動為對方設想，如此方能掌握更多商機。美國還有一種消費者自力救濟團體，叫做紀念會社，成員以繳會費方式加入，目的是匯聚團體的力量，為自己安排簡單、莊嚴的葬禮。這群人不喜鋪張，希望通過團體議價，向業者爭取價廉物美的服務。而業者也樂於跟這些紀念會社簽訂契約，以薄利多銷的方式，得到大量客戶。

四、制度管理

（一）殯葬政策

殯葬業要想永續發展，不只在觀念上轉向管理，更需在制度上落實管理。殯葬業的制度管理可以分為官方與業者兩方面，官方關心的是政策制訂與施行，業者則嘗試一改傳統經營模式推陳出新。

我國主管殯葬政策與業務的中央單位是內政部民政司。根據前任民政司長紀俊臣的分析，殯葬政策的主要內容包括五項：

- ·政策合法化。
- ·公墓土地取得公權化。
- ·殯葬服務有償精緻化。
- ·宣導火化化。
- ·端正禮俗宗教化。

這些政策方向大體針對我們民族文化中的不良特性而設，像崇尚「入土為安」以致多採土葬，墓地講究方位因此零亂交錯，禮俗佛道雜揉形成繁文縟節等等，都亟待從根本改革起。

不過從殯葬管理學立場看，立法的周延雖然可以使得執法更有依據、更具效率，但是政策與法規仍應放在更大的社會文化脈絡中加以考察。臺灣的殯葬亂象其來有自，這與本

土宗教現象的紛雜關係密切。爲正本清源起見，殯葬相關事務的制度管理，在上游要從宗教立法管理做起，在下游則開出業者與消費者互利共榮的營銷策略。制式契約的推廣，可視爲業者在觀念上突破、在制度上革新的努力。

（二）制式契約

殯葬業由於直接涉入廣受忌諱的死亡相關事物，難以讓人覺得親切，自然不願主動親近。但是死亡之事卻又在所難免，人們非到不得已時不會接觸殯葬事宜，因此予以不肖業者有機可乘。近年消費者意識檯頭，各行各業紛紛面對來自消費者主義的挑戰，大多從善如流，改弦更張。在臺灣最明顯可見的便發生在「房事」上。

像處理喪事一樣，人生難得幾回購屋。過去大家在沒經驗、無法管的情況下屢屢上當受騙，如今則因立法保障消費者，使得無論是預售找營造業者或換屋找仲介業者，都可以通過定型化契約完成交易，消弭後顧之憂。有鑒於不動產交易逐漸步上正軌，政府有關當局乃亟思在殯葬交易上推行類似方案，以期淘汰不肖商家，鼓勵業者正派經營，進而達到去蕪存菁、移風易俗的結果。

內政部民政司曾於1998年委託法律學者李復甸從事殯葬業定型化契約範本的研究，半年後範本草案出爐，送至內政部和消費者保護委員會審議，再以三年爲期試行推廣。如今試用效果良好且沒有後遺症，已進一步輔導業者執行。

對殯葬交易引進定型化契約，是政府繼修訂法規後所推

行的殯葬改革另一項突破。範本在起草過程中曾兩度舉辦公聽會，廣納業者與消費者的意見。今後廣泛推行，將促使業者大幅改變經營策略，從而也讓殯葬管理更加落實。

殯葬業定型化契約包括殯葬服務定型化契約，和納骨塔位使用權買賣契約兩類，其中前者又分為一般契約和生前契約兩種。雖然殯葬一元化是今後殯葬業努力開發的方向，但目前二者合流尚屬少數，因此契約範本是分為殯和葬兩方面來設計的。而在殯儀部分，又因當事人可能於生前或死後有所交易而分為兩種契約。

殯葬定型化契約目前尚未具法律效力，業者也可自由與消費者訂定更周詳的契約。但是提倡制式契約最大的作用，即是讓交易有所依據。將交易行為由口頭約定提昇為書面契約，是促使殯葬業者走向制度化經營管理的重要步驟。當然「誠信」仍是事業經營的不二法門，但是在殯葬業由混亂過渡至系統、由行業升級為專業的路途上，「法治」可以讓弊端減至最少。人的後事在此既是倫理課題，也是法律課題。

► 【體驗篇】

● ●

【專業考察】

　　從生命教育看悲傷輔導
　　生前契約──殯葬禮儀的生命教育
　　愛滋病的生命教育反思

【生活反思】

　　兩名國中生之死──從生命教育看學生自殺
　　自殺哲學與哲學自殺──一種生命教育的概念分析
　　從哲學走向生命教育
　　了生脫死面面觀
　　從生命教育看災後心理重建
　　生命教育──從生死到生活
　　蜀中見聞──川大講學記實

【讀書心得】

　　臨終關懷的生命教育
　　從否認靈魂到拒斥痛苦
　　多元生命教育的必要
　　建構一系以「還陽學」爲主題的生命教育論述

從生命教育看悲傷輔導

壹、生命教育

　　人是無逃於天地之間的有限存有，人生在世，一方面要實現與天地合其德的理想，一方面也應習得頂天立地的本事。不過人再怎麼有本事，也有挺不住的一天，到頭來還是免不了躺著離開人世。從天到地是我們的空間限制，從生到死是我們的時間限制。個人的生老病死，世界的成住壞空，在在顯示了我們的有限性，但是我們的可能性亦盡其中。此念是煩惱，轉念即是菩提，包括生死學在內的生命教育，教我們如何在一念之間了脫生死，值得大家深思熟慮。

　　在臺灣常被稱為生死學的死亡學近十年蔚為熱門，但是它的出現卻早在二十世紀初的法國，一九六〇年代以後自美國發揚光大。生死學大體上可分為理論與實務兩部分，理論部分涵攝生老病死的「生物 / 心理 / 社會 / 倫理 / 靈性」一體五面向，實務部分則著眼於死亡教育、臨終關懷、悲傷輔導、殯葬管理四項專業服務。悲傷輔導在此可視為死亡學實務部分的重要課題，其理論基礎須向上述理論部分求緣。

　　生死學早先在法國是由生物學家所提出，到了美國經由

心理學家、社會學家和精神科醫師大力提倡，傳到臺灣後則以哲學和宗教學者為主力。這種多學科整合的特質，使得其實務部分不至畫地自限，而以跨學科的方式日益精進。從生命教育看悲傷輔導，協助人們克服悲傷與失落是其貢獻，逐漸陷入專業化的本位主義則為其內在限制。

貳、輔導專業

輔導既然是一門專業，就一定有內行、外行之分，目前的分判辦法是用證照。證照其實是兩件事：證書和執照，證書或文憑多由學術團體或教育機構依培訓成果階段性頒發，執照則由政府機構以考試檢覈方式授與。以安寧療護為例，醫師、護理師除了要有政府授與的執照（在臺灣仍稱證書），還得通過安寧照顧協會的教育訓練取得結業證書始能入行。輔導專業目前可以考臨床心理師執照，不過在臺灣從事輔導工作的人，大多是輔導或心理系所科班出身，其中輔導系所主要設置在師範校院內。師範系統的訓練培養學校輔導教師，一般心理系所則提供非學校輔導諮商的人力資源。

國內的心理學界長期以來受西方自然科學實證主義的影響，強調經驗性研究路線，忽略對人的關懷，以致被譏為「沒有心的心理學」。近十年應用心理學逐漸浮上檯面，並與傳統心理學分庭抗禮，非關教育的心理輔導以及臨床心理、心理衛生開始受到重視，臨床心理師成為醫院中的成員，但是自行開業者仍不多見。

在社會大眾心目中，輔導諮商有正向和負向意義之分，就業輔導、生涯規劃屬前者，心理輔導、臨床心理屬後者。人們一想到要看「心理醫生」就覺得這個人一定心理有問題，殊不知輔導是一門助人專業，人們不應該以異樣眼光看待之。美國人心中有困擾就會找專家解惑，我們這兒則是向親戚朋友投訴。為了避免外行充內行，人人都具備起碼的輔導知能實有其必要。

參、悲傷輔導

文化差距使得在臺灣與在美國處理心理困擾的方式有著明顯不同，洋人相信專家，我們卻覺得家醜不可外揚。這種情形在悲傷輔導上同樣存在。以九二一大地震為例，災後許多心理與輔導專業人員前往災區服務，貢獻卻十分有限，反倒是非專業的宗教團體受到歡迎。臺灣的宗教經常佛道不分，民間信仰更是流行，有人甚至將求神問卜類比於心理輔導，而龍發堂之類的民俗療法也成為精神醫療的替代方案。身處於這種特定的文化氛圍中，我們有必要跳出既有的窠臼來思考悲傷輔導之種種。

正統的西方悲傷輔導觀講依附理論以及失落和哀悼，這是立基於個人主義的提法。今日臺灣西化程度日深，用西方觀點來因應輔導實務勉強管用，但是輔導人員不應該忘記我們的文化是有深厚集體主義根源的。集體主義的基本單位不是個人而是家庭、家族甚至宗族。此外儒家的現世主義和源

自佛教的輪迴觀皆深植人心，悲傷輔導要從這裡出發去講才有意思。

悲傷輔導主要針對亡者親人家屬而爲，但這只是一般而論。前此大地震死傷慘重，有些人雖無喪親之痛，但面對百年浩劫同樣出現重大心理創傷，久久不能平復。此外1975年蔣總統去世，全國如喪考妣，不能不說是一種集體意識。美國甘迺迪總統遇刺後也有類似的大規模傷痛，這類悲傷難以從事個別輔導，通常要靠宗教信仰或人本關懷的力量來撫平失落的情緒。

肆、從生命教育看悲傷輔導的可能性

從生命教育看悲傷輔導，我建議「教育」應做廣義從寬解釋，如此方能使更多人受惠。我的看法如下：「教育」有狹義與廣義之分，狹義的教育即指老師教學生的制式活動，而廣義的教育則泛指父母教子女、老手教新手之類的經驗傳承。我認爲生命教育在各級學校實施固然重要，但通過機會教育隨時隨地爲之更能收效。以此觀之，悲傷輔導當然一方面可以成爲輔導的專業服務，但更重要的是它應該成爲人人具備的關懷職能。悲傷輔導的可能性大體係來自這種生活職能。

悲傷輔導作爲一種生活職能跟生兒育女同樣有其必要。如今爲人父母者都需要接受「親職教育」，而在養生送死的另一端，臨終關懷與悲傷輔導也應該成爲「送終教育」的一

環。換句話說，人人都應該有能力在送終的階段自我調適並撫慰家人。在這個前提下，悲傷輔導不是亡羊補牢的善後工作，而是未雨綢繆的生活修養，可以通過日常人際互動而有所增益。舉例來說，家人之間開誠布公、心平氣和坐下來討論如何寫生前預囑和生後遺囑，自然而然地把「死亡」這椿不可避免的人生結局攤開來談，將可以把生後親人所面臨的衝擊降至最低。悲傷輔導最難突破的心結便是當事人不肯接受親人已經往生這個事實，尤其當意外亡故，更是情何以堪。不過往者已矣，來者可追，讓生者做些令亡者可堪告慰之事，比起一味悲傷逾恆來得有建設性得多。

伍、從生命教育看悲傷輔導的有限性

話說回來，雖然勸人節哀順變理所當然，但是到了實際作為時，大多數人恐怕會不知所措。在一個諱談死亡的社會裡，趨喜避哀乃人之常情。賀喜的話人人會說，節哀的話卻覺得說不出口。專業輔導人員在這種場合正派得上用場，但是需不需要專業悲傷輔導人員則是另一回事。

輔導大師Carl Rogers不贊成輔導活動走上證照制度，他認為這是專業主義下僵化的官僚制度。無奈美國的輔導專業正一步步走向細密的分工，兒童輔導、婚姻諮商、悲傷輔導等，在在都有專人負責。不但證照化，還有專業協會，以建立分工的正當性。如此作法的好處是集思廣益，讓每一門分工深化，缺點則是見樹不是林，忽略案主的全人發展。從

生命教育看悲傷輔導的有限性，正是擔心輔導陷入類似醫療分工般的專科境地。

　　前面提到，悲傷輔導可以對照於生命教育而作廣義解，理想的情況是培養每一個人都具備對自己和別人的「悲傷」從事「疏導」的職能。一如每一個人都具備對自己和別人的「生命」從事「教化」的職能。在此必須澄清的是，我並不反對輔導專業，而是反對輔導專業主義的蔓延。過去師範校院壟斷了中小學師資的培訓管道，讓有心從事教育工作的年輕人不得其門而入，近年始因各校實施教育學程而稍見改善。同樣的，輔導教育也不應當為師範系統所壟斷，它可以融入心理、社會、宗教、哲學、醫學、護理等科系的課程中，成為更廣博的生活應用技能。唯有如此，悲傷輔導方能普及社會、深入人心，而非僅止於一項只有少數人能執行的專業服務而已。

生前契約
——殯葬禮儀的生命教育

• •

壹、殯葬服務

　　教育部所推動的生命教育的內容包括人際關係、倫理、生死學、宗教、殯葬禮儀五大項，其中最後一項殯葬禮儀，在臺灣是一門正朝專業發展的行業。在一個諱言死亡的社會裡，殯葬業無疑會被社會大眾敬而遠之。尤有甚者，它更會被世人污名化，形容得十分不堪。我個人在從事生命教育以前，雖然對殯葬事物未存偏見，卻也可說是一無所知。後來通過教學與研究逐漸涉獵，始在腦海中對之形成初步而完整的概念。簡單地說，我把殯葬業視為一門正當的行業，而且是一門民生必需的行業。

　　試想人生自古誰無死？留個遺體在，就得照顧殯葬業的生意。而業者為人們料理後事，讓人死也瞑目、死而無憾，豈非功德一件？因此殯葬又是一門功德事業。既然是民生必需，既然是作功德，那就不應該全然以營利為目的。所以，我把殯葬業歸入醫療、教育等事業的行列，看做是一門非營利事業，是一門造福人群、創造價值的事業。

　　雖說是非營利事業，卻也不能光做賠本的生意，否則將無以為繼。任何事業體若要令手中的資源充分發揮作用，落

實組織管理當是不二法門。管理學術自一九五〇年代以後日益精進，經過半世紀的累積，已成熱門大宗。在管理學術的觀照下，營利事業與非營利事業其實有著共通的管理原則。也因此主要處理營利事業的企業管理活動，可以引申用於非營利事業的醫務管理、教育管理，以及殯葬管理。

就像醫療、教育事業一樣，殯葬業也可以分為硬體和軟體兩方面。硬體面屬於殯葬設施管理，軟體面屬於殯葬服務管理。目前殯葬服務最重要的任務便是推廣生前契約。如果生前契約能夠讓臨終病人安心往生，那麼它就可以被視為一種臨終關懷的殯葬服務。

貳、附加價值

用最簡單的話講，簽訂「生前契約」的觀念有點像買保險，是一種「居安思危、未雨綢繆」的行為。過去保險觀念不普及的時代，大家都排斥買保險。可是如今保險觀念深植人心，不但人人知道買保險就是買一份保障，而且有一些保險更是政府強制實施的。倘若今日大多數人都樂於買保險，照說殯葬業者推出類似的商品，例如生前契約，也應該像順水推舟一般便利，偏偏事情不似想像中的簡單。

從最表層面來分析，消費者面對各類保險和生前契約，在認知上最大的差別，在於保險所獲得的是賠償或補償，而生前契約所獲取的僅止於服務。前者可以轉換為金錢加以衡量，後者卻只有心理上的安定感。金錢為社會大眾帶來最大

的誘因,附加價值極高。相對地,安全感的價值就無法產生立即的效果。

　　舉例來說,過去有一位先生刷卡買機票,同時又買了兩份旅遊平安保險,結果遇上大園空難。他的女兒成為保險受益人,連同刷卡公司提供的保險,共領得三份保險理賠金,總計上億元,頓時成為媒體焦點。新聞報導影響所及,使得後來許多人選擇以刷卡方式購買機票。

　　這件事帶給我的啟示是,與其說大家意識到居安思危的重要,不如說是被巨額的理賠金所誘發觸動。許多人大概忘記了,上億的理賠金是用這個女孩子父親的生命換來的。一條生命創造了具體可見、立即轉換成金錢的實際價值,同時激發了人們心理所投射出來更多的附加價值,難怪保險業如今變得炙手可熱。

參、行銷管理

　　生前契約在日本、美國、歐洲等地區,都受到人們的肯定和重視。在臺灣則方興未艾,前景尚難預料,不過大體傾向於看好。隨著殯葬業的逐漸脫胎換骨,傳統葬儀社開始轉行為現代化的殯葬禮儀公司。由於較大型的禮儀公司吸納了西方的管理觀念,也就同時把外國同業的作法引進國內,生前契約即是一例。而當我們發現有越來越多的人,選擇接受正派經營大型業者的殯葬服務,生前契約市場的開展便將是可以預料的。推廣生前契約需要兩件事雙管齊下,那就是行

銷管理和生命教育。

行銷管理處理的是人們的交換行為，尤其是有競爭性的交換行為。人類早先只有以物易物，後來才演變成用金錢購買物品及服務。為了把產品送達顧客手中，商家展開了行銷活動。初期的行銷主要是「推」銷，盡可能把自己的產品推出去給顧客。近年的行銷改善為「拉」銷，製造顧客所需要的產品，而把對方吸引過來購買。從「推」到「拉」代表著事業體策略的轉變，對顧客的需求更加重視。

從行銷管理的演進反思殯葬業的發展，可以發現過去業者多半認為人終不免一死，不怕沒有顧客上門，所以沒想到要改善服務品質。可是現在情況不同了。消費者意識覺醒，加上業者不斷推陳出新地競爭，使得殯葬業出現前所未有的戰國時代，這種情況將隨著我國加入世界貿易組織變得更激烈。到底業者憑什麼能夠把顧客「拉」過來，讓他們心甘情願地接受自己的產品和服務？生前契約正是決定性因素。

肆、生命教育

生前契約與過去殯葬業者在行銷活動上最大的差異，在於產品和對象。生前契約所賣的不是立即使用的殯葬設施或服務，而是一線希望和一份安全感。它的行銷對象不是往生者的親友，而是往生者本人，尤其是臨終病人。當然「往生」在此是未來式。生前契約因此並非事不關己，而是切身攸關。讓消費者瞭解，購買契約並非幫助別人料理後事，而是

使自己無後顧之憂。正是這點最重要：我們買的不是一紙契約而已，而是「無後顧之憂」的理想境界。

消費者需要被教育，殯葬業者理當提供消費者相關的生命教育。記得以前上行銷課聽過一則案例：在一場賣電鑽的商展會上，大多數廠商都在宣傳自己生產的鑽頭如何堅硬、耐用，只有一家宣稱他們主要想賣的既非電器亦非鑽頭，而是消費者想要的各式完美的「洞」。這就是重點：顧客上門買電鑽是為打洞，電鑽是業者有的，洞是消費者要的，要緊的是業者有沒有消費者要的。教育的目的便是讓消費者充分瞭解什麼才是他真正需要的。

生前契約許諾顧客，在往生後確實擁有自己認定的殯葬產品及服務。消費者憑什麼作此要求？正因為當前殯葬業仍舊良莠不齊，人死後未受妥善待遇的情形時有所聞，造成社會大眾心生不安，「無後顧之憂」遂成一項足以追求的理想。究竟如何使消費者信任業者呢？童叟無欺、誠信經營仍是基本信條。契約的全盤兌現，將會為業者帶來良好的口碑，永續發展正是自此開始。

愛滋病的生命教育反思

●●●●●●●●●●●●●●●●●●●●●●●●●●●●●●●●●●●

壹、為什麼要談愛滋病？

　　以倫理教育為核心的生命教育原本是十分貼近生命的，無奈過去倫理學者在智識上的努力有時竟遠離了生活主題，如今我們才需要標幟著「生命」以示回歸實踐的立場。環顧周遭，足堪為生命教育重視的題材不在少數，但像愛滋病這般引起專業人員及社會大眾焦慮心理和道德爭議的事象尚不多見。從生命教育觀點反思愛滋病對社會文化帶來的衝擊，進而尋求改善之道，無疑是一份極有意義的工作。

貳、什麼是愛滋病？

　　愛滋病的正式名稱為「後天免疫缺乏症候群」，「愛滋」（AIDS）乃取其英文名稱四字字首組合的諧音。此病顧名思義並非單一疾病，而是一組免疫能力失去作用下的症候群，結果足以致命。然其發病實導因於一種「人類免疫缺乏病毒」（HIV）的感染；世界首次對愛滋發病的報告出現在美國，時間為1981年6月5日。

　　愛滋病的感染管道主要是性行為的體液傳染，此外受污染的輸血和針頭注射亦會致病，懷孕母親可對胎兒垂直感染。目前因愛滋病而死亡的人數已累積達六百四十萬。根據

世界衛生組織的統計，至上個世紀末，世界上已有一億人受到HIV感染，其中百分之九十以上患者居住於第三世界國家。

參、如何談愛滋病？

一、現象說明：事實認定

討論愛滋病牽涉到現象說明和意義詮釋兩個層面，也就是事實認定與價值判斷，二者分屬科學與哲學的論述。然而根據科學哲學的看法，事實認定本身即含有價值判斷，價值判斷則必須扣緊事實而發，因此二分下的考察只是權宜之計，並非必然分化。

愛滋病自感染到發病，病毒的潛伏期相當長，自四年至十五年不等。至於從實際感染到足以被檢測出已遭受感染之間，則有一段二至六個月的空窗期，有人即在此時將病毒傳染給他人而不自知。病毒一旦活化致病，約有一半的患者會在一年內死亡，但存活五年的比例也有百分之十五。

咸信愛滋病毒最早形成於非洲中部的靈長類身上，時間約在一九七〇年代中期，當地黑人受其感染，再通過異性間的性行為而擴散。它進入美洲的窗口是美洲唯一的黑人國家海地。在非洲及海地大多是經由異性性行為感染，可是世界上頭一次對此病的醫學報告卻針對美國五名白種同性戀男子，其後愛滋病遂在世人心目中烙下「男同性戀傳染病」的刻板印象。這個偶然的原因造成日後世人對愛滋病產生認知

上的偏差，以爲異性性行爲不易感染，結果反倒助長了蔓延。

二、意義詮釋：價值判斷

世界上有九成愛滋病帶原者居住在下撒哈拉非洲、南亞與東南亞，以及拉丁美洲與加勒比海等地區的國家中，一九九〇年代間有一千萬名兒童被父母傳染而死於非命，這些事實卻在已開發國家的媒體上得不著重視。由於部分知名人士以男同志身分感染愛滋而去世，受到媒體渲染，西方國家人民遂對同性戀者、雙性戀者加以醜化或污名化投予歧視，歧視對象並波及注射毒品者和娼妓，造成「愛滋病恐慌」，歷久不衰。

歷史上對某些特定團體集體醜化的事實屢見不鮮，甚至有利用政府力量強制執行者，二次大戰間美國政府將日裔美人集中安置於沙漠地區以免其協助日軍侵美便是一例。如今有些國家對愛滋帶原者的強制篩檢亦屬類似反應，這種反應多半來自恐懼和嫌惡的心理。

恐懼心理導因於愛滋乃是致命的傳染病，嫌惡心理則形成於對同性戀及雙性戀的不悅。此外預防和治療愛滋需要花費大量人力財力，也會讓社會大眾有所詬病。當矛頭一致指向帶原者及患者時，醜化的動作便層出不窮了，其中尤以衛生保健人員的不佳態度最令當事人感覺受到傷害。專業人員的執業態度涉及醫學倫理中的重大議題，此即是醫病關係。

肆、愛滋病的生命教育反思

一、醫學倫理

醫病關係的兩個極端是家長主義與消費者主義，病患的自律自前者向後者遞增。當代倫理學家歸結出醫學倫理四大原則，這四大原則為：

- 自律——對任何具有自主能力的人所做的決定予以尊重。
- 無傷——避免對患者造成傷害。
- 增益——為患者帶來福利並將之與風險及成本加以調和。
- 正義——將利益、風險、成本予以公平分配。

據此等道德原則觀之，愛滋病帶原者及患者的確未曾受到合理待遇。這又以個人自律不受尊重最為根本。

尊重他人的自律包括尊重的態度和尊重的行動兩部分，唯有能知亦能行方為真正的尊重。社會大眾對愛滋感到恐慌是由於無知，醫療人員具備專業知識卻依然秉持世俗成見而排斥愛滋患者，就有失專業倫理了。

二、人本關懷

醫學倫理可以基於宗教情操，也可以反映人本關懷；後者的動力是同理心或共感，此即小說家米蘭·昆德拉所描述

的同情：與受苦難折磨的人相處，並體會他所有的感受。愛滋患者感受到癌症患者同樣的絕望，且必須承擔後者所無的社會歧視，這種雙重傷害是醫療倫理首先要面對並克服的。

愛滋病毒潛伏期甚久，當事人從HIV檢驗呈陽性反應到發病有很長的路要走。1996年榮膺美國《時代》雜誌年度風雲人物的華裔科學家何大一博士的貢獻，即是提供一種特殊療法以抑制愛滋病毒發作。這項努力的結果雖然延長了患者的存活期，卻也帶來相應的醫療倫理困境：在醫療科技尚未能有效根治愛滋的情況下，當事人必須忍受更長久的社會歧視和心頭陰影。

此時醫護專業人員理應秉持尊重自律的人本精神，協助當事人對自己的未來從事理性抉擇，包括就醫、就業或就學的生活方案。最要緊的是，醫護人員需要培養出同理心以善待患者，並協助其家屬或親密伴侶作出適當判斷及度過難關，以免患者自暴自棄。

總之，以宗教的或非宗教的人本關懷去妥善照顧愛滋患者，既為醫護人員責無旁貸的神聖使命，也是社會大眾人溺己溺的崇高理想。這是生命教育的迫切課題，亦為生活實踐的當下見證。

兩名國中生之死
——從生命教育看學生自殺

● ●

壹、自殺的現象

　　1997年冬天，我剛搬到嘉義教書後不久，聽說有三名嘉義國中一年級的女生相約在蘭潭投水自殺。結果有兩人溺斃，一人獲救，自盡的女孩打撈上岸還緊緊地擁抱在一道。當我把這一幕拿到許多生命教育研習營上說給在座的老師聽時，總要下個註腳，表示自殺需要極大意志力始能完成，倘若擁有這份意志力，何不用來好好活著云云。直到有回一位老師表達異見，她說小女生相擁至死，不見得是高度意志力的表現，反而可能是高度恐懼的本能反應。我聽了為之沉思良久，反思自己的確不瞭解兩個女孩在臨終那一刻，到底是意志堅定，還是無限恐懼？

　　事情並未就此打住。事件發生後近三年，也就是2000年夏天，我在一次研習活動中，面對所有嘉義縣的國中校長，又把這個故事說了一遍。結束時一位校長舉手，為整個事件提供了最重要的結局。他說那名獲救女生在修養一陣後，由嘉義市轉學至嘉義縣，進入他所服務的學校就讀，並

且順利畢業升上高中。

　　整個事件說明了什麼？它帶給我們的啓示正是：「留得青山在，不怕沒柴燒。」自殺的念頭在此成爲年輕生命的瓶頸和關卡，順利度過後雖不見得一帆風順，但至少可能海闊天空。生命是一股潛能、一道力量，橫加扼殺生命將使得潛能完全無法實現。對照那些已經實現的潛能，不免令人惋惜。環視今日社會上不斷發生的年輕學子自殺事件，其現象背後的本質值得我們深思。

貳、自殺的本質

　　2001年3月間發生北部明星高中資優男生投繯自盡的悲劇，使我想起十餘年前同樣是北部明星高中女生墜樓的事件。雖然這名女生只是骨折受傷，當時報紙卻言之鑿鑿地指稱她是因爲想不開而自殺。到底什麼事情想不開？原來她在那之前一次月考得到第二名，對一個從小學到高二一向考頭一名的女孩來說，這可說是畢生以來的重大挫敗、奇恥大辱。當她越想越不是滋味的時候，只好用死來尋求解套了。然而此念是煩惱，轉念可能即是菩提。上述的男生和女生都是在一念之間想不開而走上絕路，事實上一念之間還有其他的選擇餘地，爲什麼他們獨獨做出最不堪的選擇？

　　自殺在現象上是一個人選擇不要繼續活下去，而做出結束自己生命的舉動。在本質上則是認定生不如死，等於做了一個價值判斷。我們每個人其實無時無刻不在從事價值判

斷，小到早上要不要睡懶覺、午餐要不要多吃青菜等等，大
到畢業後要繼續升學還是去就業、結婚後生一個還是生兩個
等等。各種價值判斷的背後多少都背負著個人所執持的生活
信念。這些信念有時卻是似是而非、積非成是的，有些則是
渾沌未明、混淆不通的。例如前面提到的那名女生，在她的
生活信念中，不巧弄混了理想主義與完美主義，以致陷入概
念的樊籠中不克自拔。理想主義是在零分與一百分之間具有
無限種可能性，完美主義則是在其間沒有其他選擇餘地。考
不了第一名就要尋短，如此人生可真是「高處不勝寒」啊！

參、自殺的哲學

把死亡和自殺問題當做哲學的核心問題，乃是存在主義
哲學思潮的特色。當代法國存在主義作家卡繆在他的著作
《西齊弗神話》開宗明義即指出，只有一個哲學問題是嚴肅
的，那便是自殺。一個人判斷自己到底要不要活下去，比其
他所有哲學問題都要來得迫切而重要。卡繆對自殺的省察反
映出存在抉擇的必然性。活得轟轟烈烈的人固然不少，活得
渾渾噩噩的人想必更多。有的人是深思熟慮，有的人是隨波
逐流，但或多或少總做了些決定，包括不做決定。所以我們
常說一些混吃等死的人是在慢性自殺。總之，人活著大體是
靠某種觀點或信念來支撐，等到撐不住了，就會想到自殺。

深入去看，自殺至少有外在和內在兩種因素。有人是走
投無路，或者更高尚的成仁取義，這些都是環境使然。有人

則是鑽牛角尖，作繭自縛，多半來自內心的糾纏。學生輕率尋短，常是後者成分居多，也就是自尋煩惱想不開。2000年間有國小五年級學生因為不想唸數學而上吊自殺，小小心靈做出如此重大決定，不能不說是「輕生」。一個班上有同學過世，全班所受衝擊影響皆不小。老師和學校當局與其消極亡羊補牢，不如積極未雨綢繆。有些人或許會覺得在課堂上談論自殺或死亡不太恰當，我卻認為不但要談而且要談得透澈。老師不妨用個案分析的方式，協助學生反思自己的「自殺哲學」，進而產生「人死哲學」，最後歸結出一套恰當而適用的「人生哲學」，也就是我們每個人的人生觀。

肆、自殺的超越

自殺的原因無奇不有，但作用在學生身上的不外乎理念、課業、家庭、感情等因素。最近發生資優生自縊悲劇，多少屬於前二者；1998年引起社會震驚的資優生廖曼君殉情事件，則可歸因於後二者。此事讓省教育廳推行的生命教育備受矚目，次年加上九二一大地震的衝擊，更使得這項教化活動從地方昇級到中央。2000年教育部正式成立了「推動生命教育委員會」，並訂定2001年為「生命教育年」，自此逐年編列大筆預算以廣推行。看來生命教育情勢是一片大好，然而學生自殺事件仍層出不窮，身為教師的我們，究竟該如何因應？

過去數年間我在中南部七縣市為推廣生命教育做了不少

場演講，當然不免要談學生自殺防治和災後心靈重建等課題。但事實上包括我在內，絕大多數老師都沒有實際操作的經驗。在我們所教導的班級裡，幾乎沒有出現過學生死亡事件，也因此我們大多未曾經歷危機處理。生命教育於是成為紙上談兵，點綴性的體驗活動勉強讓大家覺得不致太無聊。事後我深自反省，多少有種無力感，但仍亟思出困之路。

　　回到生命教育的起點，學生自殺事件如何防治？我認為問題的根本解決之道，應當在於如何協助學生培養自我超越的能力。在大多數情況下，自殺都是一個人決定、一個人進行的，自我解套的能力在此便顯得十分迫切而重要。「忍片刻風平浪靜，退一步海闊天空。」自殺的超越來自退一步想的可能。如果老師們經常在課堂上教導學生退一步想，持續而長久的潛移默化，可能會幫助年輕學子在獨處時較能想得開，偶發的厭世念頭也就變得雲淡風清，不致濃得化不開了。

自殺哲學與哲學自殺
——一種生命教育的概念分析

* *

壹、自殺哲學

　　當代法國存在哲學作家、諾貝爾文學獎得主卡繆，在他的哲學著作《西齊弗神話》開宗明義即指出，只有一個哲學問題是嚴肅的，那就是自殺。一個人判斷自己到底要不要活下去，比起其他任何哲學問題都要來得迫切而重要。神話本身其實已經提供了這個生死攸關問題一種解答。

　　西齊弗不知何故觸怒了天神，被懲罰推巨石上山。無奈他費了九牛二虎之力把石頭推至山頂，石頭卻又自動滾下山來，他只好走下去再推。有人勸他認輸算了，以免白費力氣。西齊弗卻堅持不斷地反覆推石頭上山。理由很簡單：不推就是認輸；推了雖然不會贏，但只要繼續推就不算輸。

　　人生的處境多少與此類似。人終不免一死，自殺的人或許會想一走了之算了，卻缺少那種不服輸的勇氣。活著的人贏了嗎？至少沒有輸。平心而論，人活著的時候，很少會把問題想得那麼極端、那麼絕對。反倒是走投無路的人，會把自己的生命推向死亡臨界。換句話說，自殺是來自起心動念，一念之間選擇了自殺。不過此念是煩惱，轉念也許就是菩提啊！德國哲學家尼采說：「受苦的人沒有悲觀的權利。」

美國小說家費滋傑羅說：「活得痛快就是最好的報復。」這些人生哲理其實都來自一念之間。

人者心之器，人心貴為一種靈明自覺，缺少自覺便容易陷入煩惱無明難以超拔。為了要超越心頭的迷障，我們每個人都有必要培養一套自殺哲學，然後用這套哲學理念來安頓隨時可能會浮現的茫然心境。

貳、哲學自殺

一個人陷入打算自殺的情境，其實反映出兩種可能。一種可能是他真的走投無路，例如在戰場上不成功便成仁。但大多數情況都是錯估形勢，以為自己已經到了山窮水盡的地步，生不如死，遂選擇了自殺。對生命前景的誤判雖然會被認為是一時衝動的情緒用事，但是在衝動的背後多少還是有些脈絡可循。換言之，冒然走上絕路的人，雖不見得曾經深思熟慮，卻也不見得是毫無章法。自殺的人在尋短的一刻大致執持了某些信念，只是這些信念似是而非，又被自己積非成是，以致一發不可收拾。

以一名資優生投繯自盡的事件為例。明星學校的資優生求好心切，並且對死亡心存好奇與執著，始終無法釋懷，竟選擇了最極端的方式結束一切選擇。類似的情形層出不窮地發生，依我之見，這些年輕人似乎弄擰了兩個概念，我們姑且稱之為理想主義和完美主義。求好心切或擇善固執是有理想的表現，本來不是件壞事。奈何年輕朋友分不清理想與完

美的差異，終至鑽牛角尖，不克自拔。簡單地說，理想主義是從零分到一百分之間有無限種可能性，我們理當循序漸進，更上層樓，止於至善。完美主義則是在零分與一百分之間沒有其他選擇餘地，於是我們不是選擇十乘十的十全十美一百分，便只有自我歸零到一無所有。仔細想想，人生真是如此絕對嗎？

概念上的誤判可以視為一種哲學性的自殺，這是個別人生哲學的認知問題，可以通過自殺哲學的生命教育概念分析加以改善。

參、自殺哲學的擴充

自殺哲學乃是「人死哲學」的一環。人死不一定要選擇自殺，順其自然發展，當行則行，當止則止，也是一途。人死哲學與人生哲學其實是一線之兩端、一體之兩面。人生哲學或倫理學講「未知生，焉知死」，人死哲學或死亡學則講「未知死，焉知生」。人生哲學往往無視死亡之無所不在，人死哲學則不斷提醒這一點。人死哲學正是自殺哲學的擴充。

卡繆的自殺哲學揭示了一個嚴肅的問題，那便是：當下自己到底要不要繼續活下去？人死哲學則把這個當下的圖象放大，放大到除自殺之外，人終不免一死的終極情境前面。如果我現在不自殺，以後我可能會面臨老死、病死、橫死、猝死……等等死法。於是問題變成：在一個確知會發生卻不確定如何發生的結局之前，我們應當如何自處？此即每個人

的「存在」問題。

　　自殺哲學經過擴充後成為人死哲學，人死哲學的真諦在於存在哲學。發展於十九、二十世紀西歐的存在哲學，可以算得上是古今中外所有哲學思維中，最關心自殺和死亡問題的思潮。存在哲學教導我們如何「置於死地而後生」，尤其是在沒有宗教慰藉的情況下，認清自身「無逃於天地之間」的真實處境，進而學得如何頂天立地。前面提到卡繆的《西齊弗神話》，西齊弗以一種「知其不可為而為」的勇氣和毅力，與必然的命運對抗。這是「知命」的挺立，而非「認命」的退卻，一個人選擇前者還是後者，仍繫於一念之間。

肆、哲學自殺的超越

　　被稱為「悲觀哲學家」的十九世紀德國哲學家叔本華，用哲學的概念分析方法，駁斥了自殺的意義與價值。他發現想自殺的人心中浮現一個想法，那便是「生不如死」。正是這個想法促使他走上絕路。這個想法其實蘊涵著一種比較狀態，也就是死後會比活著好受些。問題是人的死亡會把這份比較一掃而空。如果自殺連「生不如死」這種先前的認定也保不住，所冒的風險無疑太高，還是慎重其事的好。

　　叔本華的繁複思索不是一般人所能把握的，但他卻巧妙地呼應了存在哲學的終極精神，也就是先落實主體存在再談進一步的人生抉擇。失去了存在主體便失去了一切，其餘都沒有什麼好談的了。現今社會上許多選擇走上自殺一途的

人，當然已經沒什麼好談的。關鍵在這些人自殺前的一刻在想些什麼？如果一個自殺的人有機會坐下來跟自己好好談一談，也許就能自我超越而遠離自殺了。

　　一念之間選擇自殺，意味著選擇一種尋死的觀點並實踐它。既然有尋死的觀點，同時就有求生的觀點。用求生的觀點化解尋死的觀點，我們方能「保本」。「留得青山在，不怕沒柴燒。」活著是一切的根本。除非是成仁取義，否則什麼都不值得賠上性命。功課差、失戀、欠債、失業、與人爭執等等，這一切一切都比不上一條命來得重要。去醫院看看病痛的人、與死神拔河的人，也許我們會更珍惜自己的生命。但願我的一番分析，能有助於對生命、生存、生活抱持著困惑的朋友，祝你們撥雲霧重見青天。

從哲學走向生命教育

壹、生死與生活

　　哲學源始於人類的好奇心，關心內容大體分為天道與人事二端，至今已演成科技與人文二元論述。論述的二分並不意味天人必然判成兩橛，天人之間仍有許多讓世人和哲學家關切與沉思的問題，人生問題即為其一。從切身的程度上看，有關生死的人事可謂天道中第一要務，畢竟人是無逃於天地之間的。生與死在概念上為二，實為一體之兩面。生老病死反映了生滅消長、成住壞空的大化流行，身處其中即難以澈底了悟參透，但這種邏輯困局並不能減損人們的恐懼以至好奇。

　　「未知生，焉知死」是孔子的教訓，「未知死，焉知生」則是今人的努力方向。由恐懼死亡、關切生存到探討生命、實踐生活，遂演成一系的生命教育。俗話常說「活到老，學到老」，生命教育所帶來的啟示則是「學到老，活到老」。千禧年已過，世紀更替後的哲學議題，若能通過對死亡的反思，多所著眼於人類的生命與生活，進而省思人類與其他物種、與身處地球、與宇宙大化的關係，則不啻為「愛智」的實踐。

貳、生命教育：學理教程與體驗教程

西方國家死亡教育的推廣凝聚出死亡學的學理，這種學理緊緊扣住實際需要，且其開展的活水源頭正是每個人對死亡的體驗。人乃無逃於天地之間的存有，個人存在更是反身而誠的當下靈明自覺。不過一門學問再怎麼逼視死亡、反思生命，仍必須通過系統化的整理，以抽象的概念來推衍舖陳。於是生命教育在學理層面，多少還是「見山不是山，見水不是水」的「親見知識」。這些知識涵蓋了人類知識三大領域：自然科學、社會科學、人文學，分成「生物／心理／社會／倫理／靈性」一體五面向來考察。

全面把握的生命教育學理教程自當對上述層面無所偏廢，然而一旦落入體驗活動，教師與學生都不免受制於自身條件及興趣，遂可能產生以偏蓋全的局限。時下最常見情況是糾纏於宗教體驗的故步自封。我認為宗教體驗只是探索生命的方便法門而非不二法門，體驗與學理需要通過不斷對話方能相互彰顯，進而使教師與學生均得受惠。

參、我的學問道路：一段見證

我的學問道路大方向是哲學的，卻在現實世界中迂迴擺盪，後來竟兀自沉澱於生命教育之中，當是始未所料及。猶記二十歲踏進哲學系，只為追尋生命的奧義，無奈當時資質魯鈍，與形而上的愛智之學不甚相應，只好浪跡心理系、生

物系課堂間，沾染些形而下的生命餘味。後來勉強投身科學哲學，原本以爲左右逢源，卻始終落在裡外不是人的夾縫中求生存。三十五歲拿到博士學位，開始正式在大學耕耘通識教育園地，即從哲學走上生命教育的道路。

　　生命教育涵蓋自然、社會、人文三大知識領域，奇妙地呼應了我那好讀書不求甚解的心智活動，且與社會脈動緊密結合。後來適逢教育部大力提倡終身學習的回流教育，各種新創學制紛紛出爐，讓我除了正規授課和學術研究外，還接下不少推廣教育課程。一時彷彿被時代潮流推上生命教育的路途不斷前進，倒也充分落實了大學教師教學、研究與社會服務的責任。

肆、生命教育的策略規劃

　　時興事物固然討好逗趣，學問事業卻必須穩紮穩打。當生命教育日益受到世人重視歡迎之際，我反倒戒慎恐懼起來，深怕它變得華而不實、曇花一現。過去我曾因職務需要到研究所進修了三年企業管理，就像哲學讓我學到邏輯思考的重要，管理學讓我學到的是策略思考的重要。策略思考指點決策者拿出「遠見」，最近流行的說法則是提供「願景」。不管是遠見或願景，都強調辦事業或作學問不能只顧眼前、劃地自限，而必須永續經營、可長可久。

　　我個人對生命教育的策略規劃是把它視爲像管理教育一般的中游學問來推動，其上游知識建構則爲自然科學、社會

科學、人文學三大領域的基礎學問。以我所具備的哲學專業訓練，我傾向將生命教育當做倫理教育來發展，但是其他領域的學者對生命教育可能各有所專。重要的是我們必須瞭解，一個人雖不能對生命教育面面俱顧，但生命與生活終究是一個多元價值下的全方位的問題，需要大家集思廣益齊心關切以尋求解決之道。

伍、哲學思考與生命教育：可行方案

我做為廣義的哲學工作者，對人生問題的解決方案，是通過哲學分析進行生命教育。「人者心之器」，一個人的想法大體決定並支配他的作法。面對生命與生活，人們的想法往往存在許多盲點和執著，哲學分析即是從概念上下手，協助人們對自己的想法正本清源，從而建立通情達理的人生觀。哲學分析的工夫是訓練人們從事哲思，把「生命的學問」澈底融入生命，有效地用在生活各方面。

我們的心智具有感性、理性、悟性三層次，可對應於生活的常識、知識、智慧三境界。哲學既然是「愛好智慧」的擇善固執，理當在人生問題上尋求妥善的把握。哲學思考可以提供人們對生與死有所了悟，從正視死亡、面對死亡的坦然中肯定生命、發揚生命。我在哲學的道路上已走過三十年，無心插柳踏進生命教育園地，回頭希望向大家引介一個觀念：生命教育不是自外於哲學的活動，生命教育即是哲學智慧的體現。觀迎各界朋友不吝走入生命教育園地來共同開創新局。

了生脫死面面觀

··

　　1997年夏天，我離開生長、居住了四十餘年的臺北市，來到嘉義縣鄉間一所大學任教。學校配有宿舍，身處其中頗有田園野趣。加上我長期囿於都會區，一旦下鄉，感覺天天都是假期，到了真正的週末假日，更是樂得開車四處遊覽。記得有處名列嘉義八景的景點蘭潭，山光水色落日餘暉，美得令人神往而經常駐足留連。不料一日讀報，赫然驚見有三名國中生相擁投潭造成二死一傷的新聞，蘭潭美景頓時在我的心目中幻滅，為之悵然良久。

　　想一想三名十三歲的小女生為了某些不為人所知的理由，竟然緊緊地擁抱在一道投身冰冷的水中，兩人且不畏嗆鼻、不畏恐懼，堅持地沉淪到底，這是需要多大的意志力啊！有著強烈的意志力尋死，為什麼不用來求生呢？想到蘭潭邊打撈上岸的一雙遺體，我在課堂上講授的生死學理論逐漸削弱為一縷不能承受之輕。

　　精省前的省政府教育廳，在功成身退的一年前，毅然從全省國中一年級開始推行生命教育，第二學期全省高中職也跟進。當時生命教育一上馬便遭逢臺中女中資優生廖曼君為情尋短事件，立刻採取亡羊補牢的措施，推動學生自殺防治。我曾應邀在中南部七縣市的國中、高中職作專題演講，每次提及蘭潭兩名國中生以及廖曼君等事件，在座的校長、

教務主任、訓導主任、輔導主任和一年級導師皆不勝唏噓。然後呢？也許大家在想幸好事情沒有發生在自己的學校。

　　談生論死多半事不關己，但生老病死之事卻無時不是切身攸關。對於生死大事的感受，我們理當學得人溺己溺、推己及人。創生於二十世紀初法國的死亡學，在一九五〇、六〇年代的美國通過死亡教育而漸成氣候。當時的美國人和我們一樣諱言死亡，因爲美國文化崇尚年輕、成功、活力，而死亡是對這一切的否定。起初有些學者發現，整個學術、教育系統對於有關死亡的議題幾乎是一片空白，於是率先在大學裡開設相關的選修課程，一時竟出現學生趨之若鶩，蔚爲風氣。大學的死亡教育實施成功後，便向下紮根於中、小學，如今已遍及全美。譬如老師帶領小朋友去參觀殯儀館和墓園，這種事情倘若發生在臺灣，一定會挨家長罵。

　　有人說死亡教育跟性教育很類似，大家不願多談卻與人人息息相關。如今在臺灣，性教育已逐漸普及落實，死亡教育則有待加強。西方國家的死亡教育跟目前國內由教育部接手推動的生命教育精神相通，目的都是希望人們正視死亡、瞭解死亡，進而肯定生命、珍惜生命。孔子說「未知生，焉知死」，我們強調「未知死，焉知生」；俗話說「活到老，學到老」，我們主張「學到老，活到老」。鍾愛生命是需要學習的，如果課堂上老師不教，回到家父母不談，前面提到的三名國中生和資優生廖曼君的心結非但沒有機會獲得紓解，而且越纏越緊，終於釀成悲劇，這究竟是誰的責任？值得所有爲人父母、師長者深思。

也許是人人都關心的課題吧，在臺灣被稱爲生死學的死亡學，最近這幾年在這兒還挺熱門的。不過在我看來，大多數人都搞不清楚生死學所學何事？倒是有不少人把它和怪力亂神聯想在一道，我就曾被請去上電視靈異節目大談觀落陰。不過我凡事都往好的地方想，觀落陰、牽亡魂之類的活動，就當它是愼終追遠倍思親的體現。

　　此外還有人問我相不相信三世因果，我也樂於說相信，因爲我認爲只此一生一世未免單調。假如有前世，那麼他一定表現得不太差，我這輩子才得以投胎爲人，所以對前世我們應懂得「感恩」。再者此生長大成人，衣食無缺，是整個社會眾人打拼的結果，對此世我們理當「惜福」。而如果有來生，爲了後人著想，我們更應該「積德」。感恩、惜福、積德是我的三世觀，也是我的人生觀。

　　回到我想談論的主題上來：現代人要如何看待生與死，進而了生脫死？必須說清楚的是：生與死實爲一線相牽、一體兩面。如果我們把生命視爲一段歷程，則死亡爲其終點；但若我們把出生視爲起點，則死亡便是其後漫長的過程。有位哲學家就把人視爲是「朝向死亡的存有」，照這種說法看，「人生」其實就是「人死」。一旦瞭解人無時無刻不在死亡中，我們大可「置於死地而後生」，把死亡視爲一件極其自然的事，不貪生，不怕死。不過話說回來，人也許可以不怕死，但很難有人不怕痛。好在醫療對於止痛已很有成效，讓絕症病人可以在保有尊嚴的情況下無痛而終，安寧療護與緩和醫療的眞諦即在此。

有人將安寧療護和安樂死相提並論，但二者精神實大異其趣；安樂死經常跟自殺、殺人聯想在一道，安寧療護卻是助人有尊嚴地走完人生最後一段旅程的努力。平心而論，人生是極其有限的歷程，不如意的部分又占了大半；但也正因為人生有限、有缺陷，才得以讓我們有機會創造意義與價值。試想一個人永遠不會死，生活中任何事物都是十全十美，那還有什麼好活的？豈不要無聊死了！所以我認為人生需要當下自覺，自覺有限同時又有希望，如此自覺產生「自抉」和「自決」──自我抉擇和自我決定，避免因缺乏自覺所帶來的「自絕」和「自掘」──自絕生路和自掘墳墓。此念是煩惱，轉念即是菩提，希望這篇小文章能助有緣人了生脫死。

從生命教育看災後心理重建

．．．．．．．．．．．．．．．．．．．．．．．．．．．．．．．．．．．．．．．

　　1999年9月21日凌晨，我在睡夢中被地震搖醒。學校的雙層木造宿舍吱吱作響，樓下的擺設砰砰墜地，不斷發出破碎聲，夾雜著鄰居的驚叫。我和太太正想起身走避，震動已漸趨緩和。下得樓來看見滿地狼藉，開門聽到外頭議論紛紛，只道是好強的地震，誰也沒料到竟是百年浩劫。

　　10月4日一早我和幾位老師自嘉義大林趕往南投中寮參加罹難者公祭，一個半小時車程前段除了因為名竹大橋被震斷而繞路外，眼前的鄉間景致仍是一片祥和。但是當我們開進南投市，看見縣議會附近許多公共建築斑駁殘破已成危樓，心中便油生不祥之感。而最是觸目驚心的畫面還是在中寮。公祭會場設在鄉公所不遠處，公所位於永平村永平街上，街頭為國小，街尾為小橋，三四百公尺長街道的房舍無一倖存，據說全鄉一百七十八名罹難者當中有三分之一葬身於此路段附近。公祭時副總統曾偕省主席到場慰問家屬，連戰字永平，不知當他看見永平街上的斷垣殘壁，會不會更是心有戚戚焉？

　　當時政府的災後重建已在漸次進行，人民的心理重建也亟待推展。許多學校配合政府的救災工作，機動性在受災較嚴重的鄉鎮市從事悲傷輔導與心理重建的社會服務。在我看來，災區設施重建和災民心理重建，可說是同等重要。生命

教育可以著力自當是心理重建部分。人者心之器，哀莫大於心死；此念是煩惱，轉念即是菩提，我們將從這般自我安頓做起。

災後報載因為震災的緣故，生死學書籍一時蔚為熱門，我想多少有些亡羊補牢的意義。不過我倒是希望這種關注能夠一直持續下去，使得社會大眾能夠居安思危，未雨綢繆。談災後心理重建的前提是大家原本已有一些心理建設，只是不夠堅固被震垮了，想重建還有部分基礎在。怕就怕有的人什麼心理基礎都沒有，渾渾噩噩，活一天算一天，碰到大災難要麼無法應變，枉作冤魂，要麼事不關己，作壁上觀。君不見震後觀光業蕭條到要以災區一日遊來號召客人，不禁令人慨嘆。

有人問我對震災的感想，答以「無常」。想想在臺灣的薪水階級，懷抱著「有土斯有財」的信念，終日打拼以求買厝安身立命，那會料到二十年貸款換來的竟是二十秒毀滅。連我們腳下的土地都靠不住，世上又有何事得以搭掛？從無常的體會中領略到「置於死地而後生」的真諦，也許你我真的可以化危機為轉機，重新振作再出發。

生命教育教導人們有關生老病死的因應之道，尤其是面對死亡該當如何挺立，以做到尊嚴往生。孔子認為「未知生，焉知死」，生命教育主張「未知死，焉知生」；俗話常說「活到老，學到老」，生命教育強調「學到老，活到老」。生命、生活、生存之種種是可以學的，包括平時的防災措施，臨難的危機處理以及災後的自我調適。老實說，我們從

事生命教育的人也在這場災變中學到許多，可以說是以難爲師。

　　生命教育的內容包括人際關係、倫理、生死學、宗教、殯葬禮儀五大項，其理論基礎涵蓋「生物／心理／社會／倫理／靈性」一體五面向，實務應用主要在死亡教育、臨終關懷，悲傷輔導、殯葬管理四門專業上。這些理論與實務的探討在這次震災中大多派上用場，也受到不少啟蒙。死亡教育和悲傷輔導是政府和民間持續在做的，由救災中所凸顯的殯葬亂象也可以對診下藥，力求改善。若要從生命教育看災後心理重建，策略方向是協助人們找到適合自己和家人的信念系統。宗教信仰也好，人本信念也好，總要有些精神支柱。

　　從這次救災活動中我們看到了希望，那便是人間的大愛。撼動全島的地震卻驚醒了人心中久蟄的同體共業感，人溺己溺的胸襟由衷而生，讓一個逐漸陷入顛倒夢想的社會得以提廝振奮，這不能不說是災難中意外的收穫。最後我想用孔子的話與朋友互勉：「盡人事，聽天命。」在聽天由命之前，先問自己盡了人事沒有。佛家不也是要我們都有所覺悟而善盡人事去自度度人嗎？

生命教育
——從生死到生活

* *

　　1999年10月我在《厚生》雜誌第八期發表了一篇小文章〈了生脫死面面觀〉，目的是希望推廣生命教育。我的理念是倒轉並擴充傳統「未知生，焉知死」、「活到老，學到老」的想法，強調「未知死，焉知生」、「學到老，活到老」的重要性。很高興不久即在《厚生》第九期讀到臺大社會系楊培珊教授的回應文章，讓我覺得吾道不孤。楊教授在文章中稱我為「前輩」，並提出三個問題與我切磋，又令我深覺汗顏慚愧。當時我只是一個年近五十的大學教師，在中學和大學總共教了十七年書，社會經驗稱不上豐富，更沒有楊教授在療養院擔任七年社工員的資歷。不過我還是樂於和楊教授以及所有關心生死大事的朋友「紙上談兵」一番。

　　楊教授提出的第一個問題是如何面對「緩刑的死亡」，這正是前一陣子暢銷書《最後14堂星期二的課》所探討的主題。當一個人被宣判得了不治之症，卻又不能立即獲得解脫，而必須看著病魔一步步吞噬自己的身體，有時甚至長達多年，真是情何以堪！我的建議是運用支持性團體；像安寧療護一樣用團體的專業和愛心，一方面協助當事人緩解痛苦，一方面支持他尊嚴往生。由於慢性病目前在國內並不屬

於安寧療護的範圍，病人可能需要其他支持性團體。如今民間針對各式疾病，已組成不少病友會或基金會，相信有助於苦難病人身、心、靈的平安。而這些非營利組織也正是推廣不治之症相關常識和進行生命教育的最適當機構。

第二個問題關涉到大學生的死亡態度和生涯規劃。年輕人正值青春年華，當然會覺得死亡議題事不關己。如果他們對死亡的感受不深，又如何寄望他們關心老病纏身的長者呢？事實上年長乃是人生必經之途徑，而大部分年輕朋友也都有長輩健在。只是目前社會流行核心家庭，沒有機會跟老年人住在一道，就很難彼此瞭解。我建議生命教育的作法是讓學生去養老院訪談、到殯儀館實習。有了親身體認後，才談得上服務人群。一般大學生，尤其是選修通識課程的同學，把死亡問題當做一門課，勤作筆記，應付考試，的確不易引起共鳴。我想，帶領學生看些養生送死的電影，也許是另一種薰習之道罷。

最後一個問題是有關寫遺囑的事。老一輩或許忌諱寫遺囑，但他們並沒有分辨清楚遺囑其實有兩種，一種是普通遺囑，一種是預立醫囑。普通遺囑乃針對身後之事，主要為交代後事，譬如財產分配、子女教育、殯葬安置等。由於處理的是往生以後事務，許多人都忌諱想到它、談起它。但是預立醫囑就不同了，它是針對生前之事，主要為交代醫療措施，譬如要做到何種程度的急救、要不要動重大手術等，所以又稱生前預囑。預立醫囑只是對有較高風險的醫療活動預作安排，是對自己的命運增添一份保障，沒有什麼好忌諱

的。我相信說服老人家簽署預立醫囑,就有可能讓他們接受
普通遺囑。

蜀中見聞
——川大講學記實

壹、講　學

　　2003年8月28日週四中午，我動身啓程前往四川講學。經由香港轉機，而於晚間九時許抵達成都雙流機場。邀請講學的四川大學歷史系主任陳廷湘教授親來機場迎接，當晚即落腳於校內賓館。川大開學日訂在我抵校的前一天，因此到達次日我立即安排上課事宜。前此邀請講學的單位是四川大學歷史文化學院，學院下含歷史、考古、旅遊三系。我的授課主要由歷史系負責，開課名稱爲「中國思想文化史專題」，共排課十週，每週授課四小時。由於我只能停留三週，便安排我於前三週講授「華人生死文化」，其餘部分及考試則請系主任接手。

　　我的課排在週一與週三下午二時起，每次上兩節課。9月1日週一正式登場，選課學生約四十餘人，皆係歷史文化學院高年級本科生。他們多爲專攻人文社會科學方面的學生，對社會文化課題深感興趣，卻是頭一次接觸對「生死文化」的討論。我在三週內一共上了六次課，講述了十二個單元，與學生相互切磋，互動良好。十二單元內容如下：

1.「科技與人文對話」的真諦。

2.臺灣推動「生死教育取向的生命教育」之經驗。

3.生命系統的瞭解。

4.生命倫理的探討。

5.生涯發展的規劃。

6.生活藝術的提倡。

7.死亡教育的推廣。

8.悲傷輔導的服務。

9.臨終關懷的普及。

10.殯葬管理的實踐。

11.「生死教育取向的生命教育」之展望。

12.兩岸「華人生死文化」課題交流的深化。

　　由於我針對講學所需，備有自撰之《生死學》與《醫護生死學》兩種教科書，並將相關材料印成講義發給學生，使得大家能在極短時間內對臺灣各級學校普及的「生命教育」有所瞭解與把握。此外為了與從事涉及人類生老病死的醫護專業人員直接對話，我在講學期間曾主動拜訪四川大學臨床醫學院和護理學院，並應護理學院邀請，於返臺前兩天9月18日週四下午，在該院進行一場三小時的專題演講，主題即為「醫護生死學概說」。參與聽講的成員多達六十餘人，包括在醫院實習的護理系高年級本科生，以及川大附設醫院的臨床醫護人員。護理學院與歷史文化學院學生的專業背景大異其趣，竟意外地讓我有機會接觸到大陸學生對生死議題的多方看法，使得這次講學真正產生「教學相長」的效果。

貳、發　現

此次講學的主要目的，是嘗試向大陸一所重點大學的本科生，推廣臺灣起步未久的「生命教育」。由於內容題材新穎，引起學生很大的迴響。在短短的三週授課期間中，學生對三項議題表示關切：生涯規劃、自殺防治、宗教信仰。在與學生的溝通對話中，我發他們特別關心這三項議題其實饒富意義。

首先就生涯規劃而言，大陸的大學本科教育已自計畫經濟向市場經濟轉軌；換言之，原本畢業生保證分發就業的模式，已被各憑本事自謀生路的市場機能所取代。如此一來，學生在入學之際，除了要依據個人興趣選填志願外，更多情形是以考量未來出路為主。於是高中生一窩蜂選擇進入商管科系，這與臺灣過去二十年的趨勢不謀而合。不過臺灣經濟條件普遍獲得改善後，人們關切的焦點也變得更多元，像生活品質、死亡尊嚴等。這使得生死教育在臺灣起步較早，也較大陸更有「市場」。但是大陸大學生中畢竟仍有不少充滿理想和見識的青年，對生死議題深表關切，像自殺防治和宗教信仰即是例證。

最近臺灣學者的研究報告指出，臺灣地區的青少年自殺年齡層已降至國小四年級，大約在十歲左右。他們輕則在自己的手腕上劃幾刀，重則下定決心尋短見。考其原因，多與缺乏父母關愛、人際關係疏離，以及課業壓力和社會期望有關，而這一切又多半出現於經濟高度發展後。大陸的青少年

自殘問題沒有臺灣嚴重，但是一胎化的望子成龍望女成鳳心理，多少仍然會對青少年產生壓力。此外經濟轉軌所形成的自由競爭機制，更讓行將踏入社會的大學生感到茫然。這令我覺得大陸學生主動跟我討論自殺議題並非偶然，他們在逐漸開放的社會中同樣感受到自主作選擇的焦慮。

一般人在生活當中遭逢困擾、感到焦慮的時候，有可能尋求宗教的力量指點迷津或是企望安頓。但是在大陸的青年中，這並非解決途徑。大陸雖然寺院廟宇林立，頂禮膜拜的人也不在少數，卻鮮見大學生置身其中。高等知識分子的生活經驗中缺少宗教信仰這一部分，似乎屬於司空見慣的事。大陸是主張無神論的社會主義國家，強調人民有不信仰宗教的自由。傳統的道教、佛教因爲根深蒂固，在社會上仍然得以普及流行，但是基督宗教便完全沒有立足之地。四川大學的宗教研究聞名全國，在我接觸的一些宗教系研究生中，對「宗教學」（religious studies）所知甚多，卻沒有一絲「宗教感」（religiosity），此種現象的確引人深思。

參、收　穫

個人在大學任教前後十九年，其間前往大陸共十二次，性質大多爲開會或旅遊。僅有1994年暑假至上海復旦大學進修三週，以及這次在成都四川大學講學三週，可視爲較深入接觸大陸的高等教育環境。復旦與川大皆爲重點大學，而上海與成都亦屬進步都會區；我的兩次涉足相距九年，且分

別以學生和教師身分參與，皆有不同的體驗與收穫可資比較。

　　大陸邁入改革開放的時代已歷四分之一個世紀，其主要成就是經濟發展方面。由於幅員廣大，經濟發展首先在沿海地區產生作用，次第向內陸擴散。如今內陸的一線城市亦即省會的發展水平，大體與直轄市以外的沿海城市相去無幾。像我這次停留三週半的四川省會成都市，堪稱西南地區第一大城，其繁榮的程度近於江蘇省會南京市。而四川大學做為西南第一名校，亦可視為中國大西部高等教育水平的代表。

　　我這次應邀前往講學，時間共計三週半，每週講授四堂課，其餘時間大多在校內參訪和進行研究，所接觸的院級單位包括歷史文化學院、文學與新聞學院、公共管理學院、臨床醫學院、護理學院等。由於川大的學院多達二十餘所，我進行交流的僅有五所，不敢以偏概全。但這五所卻分屬文科和醫科兩大領域，而我本身所受的訓練原本偏向文科，如今能夠從事跨學科、跨領域的科技與人文對話，當為此行個人最大的收穫。

　　1994年我到復旦大學參加名為「暑期哲學學院」的短期學習，主題為應用倫理學，包括生命倫理、環境倫理、企業倫理三部分。應用倫理學所處理的議題大多具有跨學科的性質，我個人長期關心生命倫理議題，教學生涯且因此由哲學擴充至生死學。此次赴川大講學的重點方向，即是向大陸學子引介生死學意義下的生命教育。生命教育為臺灣官方在各級學校推廣的情意教育活動，至今已有五年歷史，內容包

括自殺防治、災區心靈重建、個人情緒管理等方面，主題則分為人際關係、倫理、生死學、宗教、殯葬禮儀五大項。

我這次把生命教育引介至大陸高校中，發現大陸青年的處境相當類似二、三十年前的臺灣，希望改善物質生活條件，並十分嚮往出國留學，因此生命教育必須納入生涯規劃部分，否則較難引起共鳴。在我的觀察中，資訊流通的結果，使得大陸年輕人對外面的世界充滿好奇。尤其是大學生，本身文化素質即高於同年齡層的一般青年，更對國外產生好奇心理。由於留學幾乎成為出國唯一管道，學習外語便蔚為風氣。像校園中或公園內一群群自發形成以外語彼此對話的小團體，即反映出這股趨勢。

肆、交 流

大陸的改革開放首重經濟發展，經過四分之一世紀的累積，已經形成為東亞最具潛力的經濟實體。由於經貿活動頻繁，帶動大陸開戶開放，學術教育文化的交流活動也日益興盛。臺灣自解嚴後開放人民前往大陸進行各項交流活動，其中學術交流已成常態。兩岸學者來來去去，由於沒有語言障礙，加上往返較近，幾乎蔚為例行活動。我第一次參與兩岸學術交流活動是在1993年初，當時大陸學術界作風十分保守，連發表論文都需要事先審查，對敏感字眼一律刪除，開會時更要求照稿宣讀，也沒有太多評論空間。十年後的今天，風氣雖未見完全大開，但形式主義的弊病已有所改善。

這回在四川大學適逢一場兩岸學術研討會在我下榻的賓館召開，與會的臺灣學者多為舊識，乃就近旁聽，深覺部分大陸學者的用功程度和批判功力皆相當深厚，討論話題亦不致陷入意識型態的窠臼，甚至連旁聽的學生也不時表現出獨到的見解，由此可見改革開放的影響已經從經濟發展層面擴散至思想觀念層面。尤其是網路資訊當道的時代，這種情況將會更加深化。

　　兩岸學術交流，常見的現象之一即是學者到參訪所在地大肆蒐購文獻圖書。記得有一回在臺北接待大陸學者，因為逛書店流連忘返而耽誤了行程，足見兩岸讀書人愛書的程度是有志一同的。臺灣學術書籍吸引大陸學者之處在於題材廣泛、觀念新穎，而大陸書籍最讓臺灣學者受惠的則是西書翻譯的全面化和時效化。臺灣由於市場有限，翻譯西書走的多為流行時髦的路線，對於一些冷門卻寓意深刻的重要著作則裹足不前，以致學者只能閱讀原著，對新知的推廣不免受阻。相反地，大陸各地高校基於引進新知，乃規劃有系統地翻譯西書，甚至出現一書多譯的情形，對學術推廣可謂多多益善。

　　依個人淺見，兩岸學術交流可以發展的方向，除了學者互訪、短期講學外，文獻流通也是值得開發的區塊。大陸高校林立，光是普通高校即多達千所以上，只有稍具學術水平者，即設有出版機構。高校出版社多以出版學術著作為主，其中不乏重要的新書譯作。目前臺灣雖有部分書商進口此類譯書。但進貨量不足且分配不均。倘若臺灣有學術或文教機

構有意主動跟大陸高校及學術出版單位進行長期持續連繫，不斷蒐集各地最新學術著作（尤其是譯作）相關訊息，透過網站報導，提供兩岸學界最新出版品書目及介紹，以及訂購辦法，相信是一種最佳的學術交流及產品服務方式。未來更可以在此基礎上建立書評制度，以帶動兩岸對譯書內容的討論對話風氣。

伍、見　聞

　　百聞不如一見，個人赴大陸講學三週半，所見所聞除了學術教育方面的事物外，山光景色和風土人情也是欣賞考察的對象。此番講學期間曾抽空由邀請單位安排參加當地旅行團前往九寨溝及黃龍四日遊，親眼見到名列「世界自然遺產」的兩大景點。平心而論，長途跋涉的感覺雖然是不虛此行，但以自然風光取勝的景區卻呈現一片遊客如織的景象，不禁使遊興打了折扣。其實名列「世界文化遺產」的人文景觀也是一樣。像我曾以一天時間遊覽樂山大佛，只見山上山下、河中河岸盡是遊人，只能草草一瞥便打道回府，不免遺憾。大陸近年百姓生活逐漸改善，加上全面實行週休二日，於是假日景點人滿為患的情形也跟臺灣不相上下。尤其是世界級的名勝古蹟，吸引來自全球的遊客，幾乎天天熱鬧非凡，其服務品質當然會受到影響而降低。此一事實有必要告知世人，以免許多人趁興而去，敗興而歸。

　　與旅遊有關的另一件值得注意的事，即是大陸高校近年

普設旅遊學院或科系，以培訓觀光旅遊服務人才。特別之處在於，大陸高校的旅遊院系不是跟經貿商管結合而是跟歷史文化掛鉤，像四川大學和重慶師範學院的旅遊科系，都是設在歷史文化學院之內。相反地，臺灣的觀光院系看重的卻是旅館或餐飲管理，與大陸重視景點的歷史根源大異其趣。依個人所見，此二者實不可偏廢，唯兩岸景點背景互異，著眼的重心便不盡相同。大陸古蹟甚多，瞭解其歷史文化背景有其必要性；臺灣以風光取勝，旅遊經營管理形成競爭優勢。不過臺灣人赴大陸旅遊者不在少數，未來開放大陸客來臺灣觀光也是勢之所趨，如何在觀光旅遊的教育訓練上互通有無，可做為兩岸高校發展及交流的另一項關注焦點。

　　另外一樁令人吃驚的事，發生在我所授課的班級中：全班四十餘名本科高年級學生中，完全沒有經驗過兄弟姐妹的手足之情，因為他們全是一胎化的結果。一胎化是大陸改革開放後勵行的人口政策，對控制人口膨脹有其作用，但行之有年，卻在無形中稀釋了傳統的人倫關係。中國文化所看重的「五倫」中原本有「兄弟」一倫，如今大陸年輕人幾乎都沒有兄弟或姐妹，長此以往，兄弟之倫將無以為繼，未來甚至連叔伯、姨舅、堂親、表親等旁系親屬統統式微。此事發生在最重視倫常關係的中國，其日後效應值得大家關注。相對地，臺灣的人口政策近日則從「兩個恰恰好」邁向「三個不嫌多」，兩岸大不同的例證又多了一份。以上即是我在2003年9月間赴大陸短期講學的反思所得，浮光掠影，聊以為記。

臨終關懷的生命教育

* *

　　2000年3月底，我到一所大型醫學中心去參加安寧療護小型討論會，與會者都是安寧病房的專業人員，包括兩位醫師、四位護理師、一位社會工作師、一位臨床心理師、三位宗教師，我則是應邀出席討論的學界人士。席間談起臨終病人的身、心、靈照顧問題，一位醫師慨然指出，他只會在這種小團體聚會中言及身、心、靈，到了醫師群聚的醫學院大講堂就絕口不提，言下之意好像一般醫師不接受人是身、心、靈一體的說法。後來這位醫師解釋說，醫師一般所接受的是生物——心理——社會模式，病人大體上是從這三方面加以考察的。

　　討論進行中，又有一位護理師無奈地表示，當她向癌末病人及其家屬建議轉入安寧病房而受到正面回應時，卻被主張病人應該接受新開發化學療法的主治醫師斥責，嚇得病人和家屬只好打消轉病房改採緩和醫療的想法，繼續接受積極治療。

　　以上這類經驗談，讓我感受到臺灣的安寧緩和醫療還有很長的路要走。幸好在國內第一個專業組織「中華民國安寧

照顧基金會」成立十年後，衛生署提出的「安寧緩和醫療條例」已通過立法，安寧緩和醫療也納入全民健保給付，看起來一切配套措施均已齊備，剩下要加強的就是心理建設了。

現代安寧療護在西方國家是以一種運動起始的，這種運動尚具有革命的意味。運動也好，革命也好，無不針對既有醫院體制和醫師態度而發。西方國家在這方面辛苦經營了三十餘年，相關軟硬體皆已粲然大備。我們這兒起步較晚，只能說是十年小成。但是像前述醫療強勢立場，仍是有待突破之處。他山之石，或許可以提供我們一些改進的參考。

法國安寧療護臨床心理師瑪麗‧德‧翁澤所撰寫的臨床手記《因為，你聽見了我》中譯本，是近年蔚為風行有關臨終關懷中文書籍中較新的一部。作者以感性筆觸，現身說法引領讀者走進她所服務的安寧療護機構，去見證幾位臨床病人的生之歡愉和死之哀榮。

《因為，你聽見了我》的法文本早在1995年即已出版，大概因為臺灣對英文以外著作和歐洲文化相對於美國而言較為陌生，所以像這種文字優美、情感細膩的著作，要隔上一段時日方得在此地問世。記得幾年前讀到美國作家桑德‧史都達所寫《情深到來生：安寧照顧》一書，裡面臨終病人的喜怒哀樂躍然紙上，十分動人。如今我們在法國巴黎的場景中，看見相彷的求生意志和存在抉擇。在我看來，這些對臺灣讀者和社會大眾，都是最佳的生命教育素材。

生命教育是臺灣省教育廳在1998年向全省國中、高中職所推廣的生活倫理教育，精省後由教育部接手，恰好碰上

九二一大地震，教育部長乃在2000年2月宣布將生命教育納入小學至大學十六年正規教育體系中全面實施。我以自己在大學講授相關課題近二十年的經驗，認為生命教育的教學內涵可以自生活延伸到生死，實施範圍可以自學校教育擴充到家庭教育和社會教育。像介紹臨終關懷和悲傷輔導的一般讀物，其中不乏生動的個案分析，適足於做為家庭及社會教育的鮮活教材。

德·翁澤女士所介紹的臨床案主，以及在他們四周服務奉獻的安寧療護團隊人員，相互體現出一份彌足珍貴的生死智慧。我們可以自其中看見臨終病人從希望安樂死到接受安寧療護的可能契機。值得一提的是，《因為，你聽見了我》書中有許多病例是罹患愛滋病而面臨垂死掙扎，最後在安寧病房平靜往生。這與臺灣的情形有所出入。

國內的安寧療護主要接受癌末患者，不像西方國家包容大量愛滋患者。我們這兒對愛滋病似乎仍未擺脫污名化的偏見，亟待通過性別教育改善之。事實上，近年國內有不少有識之士在積極推廣性別教育，而我也曾為文主張融性別教育與生命教育於一爐，正視人的「身、心、靈」所表現的「生、愛、死」。寄望我們對臨終關懷的生命教育可以推廣為全民教育，如是方能落實「人溺己溺，人飢己飢」的人道境界。

從否認靈魂到拒斥痛苦

❊❊❊❊❊❊❊❊❊❊❊❊❊❊❊❊❊❊❊❊❊❊❊❊❊❊❊❊❊❊❊❊❊❊❊❊

　　具有豐富人道關懷和深厚宗教情操的精神科醫師史考特‧派克第五種中譯著作《誰來下手？》已經出版，原作於1998年上市，距離他的成名作《心靈地圖》刊行整整二十年。二十年來，派克醫師卸下軍醫職務，成為開業醫師，並組織「真誠共同體基金會」，結合各方資源、擴大影響力，以宣揚他那獨到的人生哲理。

　　派克醫師將自己數十年來的臨床經驗和反身而誠的宗教信仰加以融會貫通，演成一套助人為善的生活哲學，其內涵簡言之即是：以基督信仰為主的安身立命之道。《誰來下手？》正是其人生哲理的應用，他在書中積極推廣的理念，乃是以重建基督信仰的靈魂觀，來拒斥世俗主義對安樂死的倡導，替代方案則是自然死及安寧療護。

　　安樂死近年在臺灣已成為一項社會性議題，每當媒體報導有關植物人或慢性病患的家庭陷入絕境時，這項議題就會被提出來討論，立法委員們更鍥而不捨地提出各種法案以示人道關懷，但最後總是在衛生主管當局的斷然否決下落幕。行政部門和民意代表的立場背後其實都有民意作依歸，正反力量不相上下，這種情況在美國某些州甚至以公民投票的形式反映出來。

　　當然贊成與反對安樂死均涉及個人的倫理抉擇。在《誰

來下手？》以及派克醫師所有著作的形成脈絡中，基督信仰和世俗價值的對立始終存在。他擇善固執地站在護持宗教的立場著書立說，且獲得廣大讀者群的認同，可視為「靈魂不滅」的明證。

回到我們自己的生活脈絡中來，派克醫師的著作在臺灣這個佛道及民間信仰為主的社會同樣受到歡迎。《心靈地圖》、《與心靈對話》、《邪惡心理學》、《超越心靈地圖》以及本書陸續中譯出版，在我看來可算是為宗教對話開創了良好的契機。《誰來下手？》一書的重要意義，是讓讀者有機會認真反思安樂死的倫理爭議，這類爭議在學理上是屬於生命倫理學的議題。

生命倫理學是一門生物醫學科學與哲學的整合性學科，主要處理當代生命科學與醫藥科技所衍生的倫理困境，安樂死即為其一。安樂死的相關問題雖然早在古希臘時期就已被提出，但是直到近年才轉變成醫療決策上的棘手難題，《誰來下手？》大體是從此處出發立論的。

由於納粹滅族屠殺的歷史慘劇讓世人記憶猶新，安樂死也因此背上了重大污名。但是今天談論安樂死乃是放在醫療情境中而論，在尊重人權和患者自律的前提下，當事人或代理人知情同意是起碼的要求。何況久病和重症患者的人生結局不一定要以安樂死告終，自然死與安寧療護也是很理想的選擇。只是配套措施必須完備，否則病人受苦，家屬也受罪，安樂死的呼聲便會持續不斷。

由於派克醫師是精神科醫師，他在《誰來下手？》中所

援引的個案多與精神疾病有關。也正因爲如此，使他比一般醫師更深刻地瞭解到身體痛苦內裡的心靈和情緒痛苦。從宗教的觀點看，心靈或精神受苦即是靈魂受苦。世俗觀點只想到以安樂死尋求身體痛苦的解脫，卻忽略了靈性的反身而誠與自我安頓，以及通過信仰的超拔救贖。

派克醫師的病人中有的是以自殺了斷，這些人可說是身不由己。除此之外則是「置於死地而後生」的典型。他們身處逆境，卻在一念之間堅持存活下來並漸入佳境，這正是安樂死所面臨的最大弔詭：人必須先活下來才有希望，但自覺沒有希望的人便不想活了。爲解決這類弔詭，派克醫師乃回到宗教許諾下的自然死與安寧療護兩種生死決策。

自然死反映出人是無逃於天地之間「朝向死亡的存有」，基於對自己有限性的體認，我們理當學得「盡人事，聽天命」的道理，不要有過度的人爲造作。現代醫療的荒謬處境正是讓病人求生不得、求死不能地苟延殘喘，提倡自然死的目的即是希望病人能夠在天命的眷顧之下安然走完這一生。而安寧療護的用意也與此相近。自然死是讓病人選擇自自然然大去，安寧療護是協助病人平平安安往生，因爲有些絕症患者在臨終前夕的確是痛不欲生，需要通過消極緩和醫療的方式予以紓解。這種非侵入性治療方式並非矯枉過正而是替天行道，畢竟人活著不是來受無謂痛苦的。

尼采認爲受苦的人沒有悲觀的權利，他正是希望人們勇敢挺立以置於死地而後生。生與死的決策往往繫於人的一念之間，但是此念是煩惱，轉念可能就是菩提。放在宗教對話

的期望上看，佛教從菩提智慧所領悟到的不生不滅觀，或許可以跟基督宗教文明積累的靈魂不滅觀彼此呼應。而臺灣讀者在閱讀派克醫師的《誰來下手？》一書時，大可從自己的生活經驗中提鍊生命智慧，如此方能與書中的故事相互彰顯，讓此書所欲呈現的人道精神真正落實於本土脈絡中。

　　我的教學、研究與社會服務方向長期受到護理學啓蒙，深感學校與社會生命教育的迫切與重要，乃發心爲此作出貢獻。除學校教育外，我經常應邀至各地演講相關議題，在我看來這便是社會教育的推廣。在演講中我向聽眾推薦好書做爲自我學習成長的方便法門，《誰來下手？》正是這類自學良方。希望大家都能擁有一份豐富的心靈饗宴。

多元生命教育的必要

●●●●●●●●●●●●●●●●●●●●●●●●●●●●●●●

　　1986年空中大學剛剛開辦，我去擔任「人生哲學」一科面授教師，任務還包括改考卷。記得期中考有一題是非題，只出八個大字：「人不爲己，天誅地滅。」標準答案爲「錯」，然而學生的「標準」答案統統寫「對」。閱卷時考慮再三，我決定統統給分。此事帶給我長久的困擾是：「人生哲學考滿分，人生就一定及格嗎？而考試不及格，人生就算差勁嗎？」後來我教了十年生死學，類似的問題仍困擾著我：「生死學能教嗎？誰又能教生死學？」如今我寧願少談生死學，多提人生觀。生死學是課堂上教的那一套，不免空泛；人生觀則是人心中那把尺，實實在在。

　　自殺事件不斷頻傳，凸顯出政府推動生命教育的重要。生命教育雖然在各級學校中積極推廣，但我認爲眞正重要的乃是自我教育。每個人都需要對確立自己的人生觀擬訂一系自學方案。在這些方案中，達爾文與佛洛伊德的人生觀不可或缺，值得參考。亞當·菲力普的《達爾文的蚯蚓》一書，正是合宜的自學教材。它的特點在於闡述一種擺脫宗教、回歸人本的科學人生觀。沒有宗教性的慰藉，人可以活得更踏實、死得更坦然。閱讀這本書，適足以幫助我們體會並肯定多元生命教育的必要。

　　多元與多樣是不同層次的兩件事，許多人卻常混爲一

談。以人生觀的反思為例，人們大多不懷疑宗教信仰的意義與價值，總要把死亡跟宗教糾纏在一道，似乎沒有想像過非宗教性的死亡。選擇相信基督教或佛教是多樣選擇，選擇信教或不信教則是多元選擇；有了多元選擇才有多樣選擇。佛洛伊德揚棄了宗教，「在朋友及家人的協助下，他優雅地走入死亡。」（頁一三二）而達爾文也同樣無視頭頂的天堂，轉而大力歌頌足下螻蟻般的蚯蚓。「我們比想像中更像蚯蚓，這實在沒有什麼不好意思的。」（頁七一）

　　歷史上有三位科學家先後打破了人類中心主義的迷思神話：物理學家哥白尼指出地球並非宇宙中心，生物學家達爾文指出人類並非萬物之靈，心理學家佛洛伊德指出我們並非理性動物。《達爾文的蚯蚓》用細膩的析論，勾勒出後二者的生死觀。從物種演化看，死亡為必然；從精神分析看，死亡為本能；這些科學人生觀都無視於救贖或輪迴。當然西方世界在科學人生觀之外，還有遠離宗教的哲學人生觀，像本書導讀中李宇宙醫師所提到的存在主義即是一例。總之，這本書在臺灣翻譯出版，可說是為市面上一大堆奠基於宗教觀的生死書之外，提供了多元化生命教育反思與實踐的選擇。光是這一點，就值得讀者考慮閱讀了。

建構一系以「還陽學」
爲主題的生命教育論述

● ●

壹、瀕死研究與非營利組織

2003年7月1日下午我在返家途中，接到周大觀文教基金會創辦人周進華先生的電話，邀請我爲基金會所編輯一冊有關瀕死經驗（NDE）的新書撰寫序文。我當即答應所請，而周先生也很有誠意地在兩天後將書稿影本掛號寄來，並附一信希望我「挺身而出……布施『生死智慧』，宣導『終生保障』，讓大家一起以癌爲師、化SARS爲愛」。身爲華人生死教育的推廣者，我對提供生死智慧誠不敢當，但挺身而出則義不容辭。能夠爲一冊饒有趣味及影響力的新書引介書寫，無疑是相當有意義的教育推廣。

閱讀《飛越生死線——臺灣瀕死經驗者現身說法》書稿，本身即是一次難能可貴的經驗。我收到的版本不但呈現九篇引人入勝的故事（包括特輯一篇夫子自道），還載有九篇滿懷熱情的序文（包括作者一篇開宗明義）。這使得我有機會從「後設」的觀點貼近別人的NDE，並對學者專家討論NDE的現象加以反思，進而對探究NDE的前景做出建議。

我頭一次聽說NDE，是大學時代閱讀Raymond Moody

的名作"Life after Life"中譯本。早年的譯本由「皇冠」出版，譯者爲名作家劉墉。印象裡NDE很玄，加上自己沒有類似體驗，只能姑妄言之妄聽之。再次接觸此一議題已是二十年後，1997年「桂冠」出版一套七冊生死學叢書，我在新書發表會上結識一位臺大護理學研究所碩士生，她的論文主題即是NDE，令我聽了很新鮮。

真正有系統地涉入NDE議題，是經由呂應鐘教授的介紹。人稱「臺灣飛碟學教父」、近年以書寫抗癌成功經驗而成爲暢銷書作家的呂教授，可說是一位傳奇人物。他是我在任教於南華管理學院時期所認識的校內三位堪稱「著作等身」學者之一，另外兩位則是當時的校長龔鵬程教授，以及宗教文化研究中心主任鄭志明教授。

這幾位勤於筆耕的學者，對於在臺灣高等教育殿堂上發展「另類論述」貢獻良多。像龔校長構思設立「生死學研究所」、鄭主任與前任生死所所長尉遲淦教授合作首創「殯葬管理研習班」、呂教授在生死所開授「超心理學」課程等，都具有振聾啓聵的效果。更值得一提的，即是前南華佛教學研究所所長、現任教中央大學中文系的萬金川教授，率先拈出「還陽學」一辭，將NDE納入華人生死學研究之中，爲其安頓學理探討的文化基礎。

一群具有多元關懷和另類思維的人文學者，在1996至1999年間的「南華管理學院」輝煌時代，爲整個臺灣高等教育，帶來極多開風氣之先的創舉。然而當學院改名爲大學後，除了呂教授外，這些另類學者即先後花果飄零、各奔西

東，使得「還陽學」同「殯葬學」一樣，再度成為教學與研究上的邊緣論述。

好在主流的學術意理擋不住學者對探討另類議題的熱情。在非營利組織「周大觀文教基金會」的號召下，於2002年中成立的「臺灣瀕死研究中心」，可說延續了相關議題學術探究的命脈。事實上西方國家對NDE的研究相當慎重其事，不但在大學開授相關課程，更有正式學術期刊登載嚴謹的研究論文。反觀臺灣，只有少數學術中人關心此事，包括為本書寫序的幾位學者。

為了使NDE以及相關的人類生老病死議題發揚光大，我覺得有必要集思廣益，建構一套「還陽學」的知識系統。並以此為主題，結合臺灣目前正在推行的「生命教育」，開創出一系列知識與情意教育兼顧的論述，如此方能使得NDEs的教學與研究永續發展。

貳、從還陽學到生命教育

「還陽學」即是「瀕死研究」（near death studies），一如「生死學」即是「死亡研究」（death studies），都屬於西方學術的本土提法。這對一個諱言死亡的民族來說，多少具有心理防衛的效果。此一心理防衛的最佳明證，即是在臺灣由政府所提倡的「生命教育」。生命教育如果未言及死亡便了無新意，不外老生常談；而一旦涉入死亡議題，就成為死亡教育。

西方的「死亡教育」在臺灣民間學界大多稱爲「生死教育」，至於「生命教育」乃是官方說法。但是由於生命教育在兩年前已經逐步落實爲一套政策計畫，全面在各級學校推廣普及。因此瀕死研究要想在臺灣產生影響力，我建議將它訂名爲「還陽學」，通過已經爲學術界和社會大眾所接受的「生死學」教學與研究機制，以銜接納入主流的「生命教育」，藉以擴充各級學生的視野。

　　生死學是一門科際整合學科，其理論基礎涵蓋自然科學、社會科學、人文學三大知識領域，實務活動則包含死亡教育、臨終關懷、悲傷輔導、殯葬管理四大專業，而探究架構則落在一體五面向的「生物／心理／社會／倫理／靈性人類存有」（bio／psycho／social／ethical／spiritual human being）之上。試想還陽學在如此廣泛的架構裡加以開發，可以產生的綜效（synergy）將會有多大！而一旦還陽學在學理上得以面面俱顧，則納入生命教育推廣普及，將是水到渠成之事。

　　由於還陽學在許多正統主流學者眼中乃屬另類論述，甚至怪力亂神之說。想要在這種學術與教育環境中推陳出新，唯有推動體制內改革。由非營利組織設置研究中心只是第一步，納入高等教育專門系所中，從事正規的教學與研究，方爲長久之計。

　　目前在臺灣與瀕死研究直接相關的科系有三：南華大學生死學系、佛光人文社會學院生命學研究所、臺北護理學院生死教育與輔導研究所。而爲本書寫序的九位學者專家，不

建構一系以「還陽學」爲主題的生命教育論述 ◇279

少與這三個系所淵源深厚，交流頻繁，得以開發的空間可說相當寬廣。

以NDE為探究主題的還陽學，其真諦乃是存在主體的「大死一番」以及「置於死地而後生」。這種經驗可遇不可求，具有豐富的生命教育意義與價值。因為當一個人有過如此的出生入死、死去活來的體驗，還陽之後雖然看山仍是山、看水仍是水，景物依舊，心境則大不相同，誠可謂「人生境界的躍昇」。

由於還陽學和飛碟學類似，有許多人宣稱有此體驗，卻有更多人無緣一見，於是形成「信不信由你」的局面。我認為還陽學要能立足於學術教育界，一方面固然需要持續進行經驗科學研究，以考察其本來面目；一方面也應該開創它的人本實踐與人文精神，以展現其全人意義。

記得多年前我在"Discovery"電視頻道上看過一集有關NDE的報導，正反兩面意見都有。印象極深的是暢銷書《死亡的臉》作者醫師Sherwin Nuland，竟然站出來將NDE斥為無稽之談。這使我不禁想起美國心理學家暨哲學家William James，他曾將學者分為軟心腸與硬心腸兩種。在我看來，所謂硬心腸學者的特色即是「劃地自限、自圓其說」的科學態度，而軟心腸則反映出「有容乃大、海闊天空」的人文胸懷。希望所有關心還陽學的朋友都能以這份人文關懷共勉，打破主流與另類論述的分野，消弭核心與邊緣教研的差異，持續為多元學術發展做出貢獻。

生命教育——學理與體驗

著　　者／鈕則誠

出 版 者／揚智文化事業股份有限公司

發 行 人／葉忠賢

總 編 輯／林新倫

執行編輯／黃美雯

登 記 證／局版北市業字第 1117 號

地　　址／台北市新生南路三段 88 號 5 樓之 6

電　　話／(02)2366-0309

傳　　真／(02)2366-0310

郵撥帳號／19735365 戶名：葉忠賢

印　　刷／偉勵印刷事業股份有限公司

法律顧問／北辰著作權事務所　蕭雄淋律師

初版一刷／2004 年 2 月

定　　價／350 元

ＩＳＢＮ：957-818-600-2

E-mail：service@ycrc.com.tw

網址：http://www.ycrc.com.tw

國家圖書館出版品預行編目資料

生命教育:學理與體驗 / 鈕則誠著. -- 初版.
-- 臺北市:揚智文化, 2004[民 93]
面; 公分
ISBN 957-818-600-2(平裝)

1.生命教育 – 論文, 講詞等

528.5907   93000673